山东大学中文专刊

2019年山东大学文学院同人录

山东画报出版社

山东大学文学院 组织编写

刘梦冬 编著

图书在版编目（CIP）数据

2019年山东大学文学院同人录／山东大学文学院组织编写；刘梦冬编著. --济南：山东画报出版社，2021.8
ISBN 978-7-5474-3961-6

Ⅰ.①2… Ⅱ.①山… ②刘… Ⅲ.①高等学校—教师—人名录—现代—2019 Ⅳ.①K825.46-61

中国版本图书馆CIP数据核字（2021）第142198号

2019 NIAN SHANDONG DAXUE WENXUEYUAN TONGRENLU
2019年山东大学文学院同人录
山东大学文学院 组织编写 刘梦冬 编著

责任编辑 梁培培
装帧设计 王 芳 李 娜

出 版 人 李文波
主管单位 山东出版传媒股份有限公司
出版发行 山东画报出版社
社 址 济南市市中区英雄山路189号B座 邮编 250002
电 话 总编室（0531）82098472
市场部（0531）82098479 82098476（传真）
网 址 http://www.hbcbs.com.cn
电子信箱 hbcb@sdpress.com.cn
印 刷 山东星海彩印有限公司
规 格 150毫米×220毫米 1/32
7.5印张 153幅照片 150千字
版 次 2021年8月第1版
印 次 2021年8月第1次印刷
书 号 ISBN 978-7-5474-3961-6
定 价 69.00元

山东大学双一流建设『中国古典学术』专项资助项目

“山东大学中文专刊”编辑工作组

组　长　杜泽逊　张　帅
副组长　李剑锋　黄发有　程相占　马　兵
成　员　王培源　刘晓东　萧光乾　张学军
张树铮　孙之梅　关家铮　王新华
杨振兰　岳立静　戚良德　祁海文
李开军　刘晓多　沈　文　王　萌
刘靖渊　程鸿彬　刘天宇　吉　颙
李振聚

《2019年山东大学文学院同人录》审定小组

杜泽逊　张　帅　李剑锋　黄发有
程相占　马　兵　王　萌　沈　文
史建国　刘晓艺　樊庆彦　王　辉
何　瑛　杨俊娇

《2019年山东大学文学院同人录》编委会

组织编写　山东大学文学院
编　　著　刘梦冬
参　　编　祝　贺　王彦力　刘晓硕

“山东大学中文专刊”
编辑出版说明

“山东大学中文专刊”是山东大学中文学科学者著述的一套丛书。由山东大学文学院主持编辑，邀请有关专家担任编纂工作，请国内有经验的专业出版社分工出版。

山东大学中文学科与山东大学的历史同步，在社会巨变中，屡经分合迁转，是国内历史悠久、名家辈出、有较大影响的中文学科之一。1901 年山东大学堂创办之初，其课程设置就包括经史子集等中文课程。1926 年省立山东大学在济南创办，设立了文学院，有中国哲学、国文学两系。20 世纪 30 年代至 40 年代，杨振声、闻一多、老舍、洪深、梁实秋、游国恩、王献唐、张煦、丁山、姜叔明、沈从文、明义士、台静农、闻宥、栾调甫、顾颉刚、胡厚宣、黄孝纾等著名学者、作家在国立山东（青岛）大学、齐鲁大学任教，在学术界享有盛誉。中华人民共和国成立后，山东大学中文学科迎来新的发展时期，华岗、成仿吾先后担任校长，陆侃如、冯沅君先后担任副校长，黄孝纾、王统照、吕荧、高亨、高兰、萧涤非、殷孟伦、殷焕先、刘泮溪、孙昌熙、关德栋、蒋维崧等语言文学名家在山东大学任教，是国内中文学科实力雄厚的学术重镇。改革开放以来，中华人民共和国培养的一代学术名家周来祥、袁世硕、董治安、牟世金、张可礼、龚克昌、刘乃昌、朱德才、郭延礼、葛本仪、钱曾怡、曾繁仁、张忠纲等，以深厚的学术功底和开拓创新精神，谱写了山东大学中文学科新的辉煌。

总结历史成就，整理出版几代人用心血和智慧凝结而成的著述，是对学术前辈最大的尊敬，也是开拓未来，创造新知，更上一层楼的最好起点。2018年4月16日，山东大学新一届领导班子奉命成立，4月20日履任。如何在新的阶段为学科发展做一些有益的工作，是摆在面前的首要课题。编辑出版“山东大学中文专刊”是新举措之一。经过一年的紧张工作，一批成果即将问世。这其中既有历史成就的总结，也有新时期的新著。相信这是一项长期的任务，而且长江后浪推前浪，在未来的学术界，山东大学中文学科的学人一定能够创造出无愧于前哲、无愧于当代、无愧于后进的更加辉煌的业绩。

山东大学文学院

2019年10月11日

序

马克思认为“人的本质是一切社会关系的总和”。同事关系和家庭关系一起，构成人生最主要的社会关系。因此，对家庭关系和同事关系的研究，从来都是学者关注的重点。不过，关于家庭的研究，其深入程度和成果的丰富，都似乎高于对同事关系的研究。要对同事关系进行研究，当然要依赖记载同事的材料。

基于山东大学筹备120周年校庆工作的考虑，我们成立了山东大学文学院院史资料编写组，利用业余时间搜集一百余年来山大文学院的历史人物、历史事件、人才培养、学术成就等方面的资料。这当中有《文史哲》社员合照，使我们更真切地感受到《文史哲》是同人杂志的含义。某一特定历史时期为从事某项共同事业而聚在一起的人群，他们的关系是同事，文雅的称呼是“同人”。迄今为止，还没有发现山大文学院（以前也叫中文系）历史上的同人合照，也还没有发现同人名册。这让我萌生了编一本同人录的想法。我将这一想法在文学院党政联席会议上作了汇报，获得一致通过。这就是《2019年山东大学文学院同人录》的来历。

同人录，截取历史上一个特定时期来记载相关人物。这类著述在中国源远流长。司马迁《史记》有《十二诸侯年表》《汉兴以来诸侯王年表》《高祖功臣侯者年表》《建元以来侯者年表》《汉兴以来将相名臣年表》等篇，集中记载一个特定历史时期朝廷具有特殊身份的人群。还有一篇《仲尼弟子列传》，集中记载了孔子弟子七十七人，这多少有点像今天的“同学名录”。唐代司马贞《史记索隐》指出：“唯《文翁孔庙图》作七十二人。”又说：“如《文翁图》所记，又有林放、蘧伯玉、申枨、申堂，俱是后人以所见增益，于今殆不可考。”文翁在汉景帝末年任蜀郡太守，兴办教育，创设蜀郡讲堂，又名“石室”，其后屡经修缮，历二千年而仍存（今成都石室中学）。讲堂绘古圣贤周公、孔子及七十二弟子像，这与《史记·仲尼弟子列传》可以互证。

《唐尚书省郎官石柱题名》记载了唐代开元至大中时一百五十余年郎官姓名及任免情况。又有《御史台精舍碑题名》，记载唐初至天宝元年（742）御史官员近千名。南宋陈骙撰有《南宋馆阁录》十卷，又有无名氏撰写了《续录》十卷，二录的“官秩”门记录了南宋建炎元年（1127）至咸淳五年（1269）秘书省任职官员960余人的简历。南宋又有记载在朝官员姓名的《班朝录》（见《容斋三笔》）。传世的明代在任官员名录有万历十二年（1584）春季《新刊真楷大字全号缙绅便览》，崇祯十四年（1641）秋季《新刊详注缙绅便览》等数种。清代沿用明代习惯，每年春、夏、秋、冬四次刻印《大清缙绅全书》，可以说是动态的全国官员名录。

科举名录也由来已久。宋洪适编有《大宋登科记》，自建隆元年（960）至绍兴三十年（1160），记载登进士科及词科中举者23600余人。记一科名单的有著名的《绍兴十八年同年小录》，为王佐榜进士题名录，朱熹为该榜五甲九十名。因为这个原因，这份《同年小录》很有名气。又有《宝祐四年登科录》，状元为文天祥，也流传至今。明清两代的乡试录、会试录、殿试录，流传较多。同一年参加科举考试考中的叫“同年”，互称“年兄”。考上的时候有《乡试录》《会试录》等，按名次排列。还有一种《同年齿录》，则是按年龄大小排列的同年录。

近代开始出现同学录。光绪五年（1879）的《同文馆题名录》，光绪三十二年（1906）的《京师大学堂同学录》《山东师范学堂同学录》，宣统二年（1910）的《山东高等学堂同学录》，都属于同学名录。

民国时期政府部门的职官录已比较多见，2016年凤凰出版社出版的王强主编的《民国职员录汇编》30册，2019年大象出版社出版的冯立昇主编的《北洋政府职员录集成》109册，都是史料价值较高的民国时期各政府部门职员录的汇编。《2019年山东大学文学院同人录》放在我国历史上同类文献中，至少不觉得有什么突兀，而是中国传统历史文献中传记体文献编写模式的一种继承。

编写《同人录》在今天有了新的要求，比如高质量的照片、准确的个人履历、规范的语言，都是应当尽力求其精善的。基于这样的特殊要求，我们邀请了既有中文学科背景又有摄影和新闻专业基础的刘梦冬女士承担这一任务。经过一年的紧张工作，在老师们的大力支持配合和指导下，在编纂团队的合作下，这份《同人录》终于完成了。本书仿“齿录”的体例，按年龄大小排序，在职与退休教师员工一体收录，是 2019 年山东大学文学院同事的一次汇集。为了保证质量，文学院专门组成了一个工作委员会，对书稿进行了认真审读，然后交给山东画报出版社出版。《周易·同人卦》说：“同人于野，亨。利涉大川，利君子贞。”集体的力量是巨大的，团结合作可以让我们履险如夷，不断收获耕耘带来的硕果。这也许是这本《同人录》给我们的启示吧。

杜泽逊

2020 年 7 月 16 日

目 录

凌南申

个人简介

凌南申，男，1928年3月生，重庆人，1949年参加工作，山东大学文学院退休教授。山东大学中文系1956级学生，毕业后留校任教。研究方向为文艺学。曾主讲文艺理论、中国文学批评史等课程。发表《论苏轼的艺术美学思想》《试论列宁关于文学反映社会生活本质的理论》等论文多篇，《试论列宁的文学思想及其理论》一文获山东大学学术研究二等奖。

工作心得

作为教师，重要的是要讲好课，要能讲好课，备好课是关键，要备好课，一是要了解所讲内容的国内外理论研究情况，二是要了解学生的学习情况及其对所讲内容的了解情况。

袁世硕

个人简介

袁世硕，男，1929年11月生，山东兖州人，山东大学文学院终身教授。1953年山东大学中文系本科毕业，师从冯沅君先生。曾任中国作家协会山东分会副主席、全国哲学社会科学规划评议专家、全国古籍整理出版规划领导小组成员、山东省古典文学学会会长、“马克思主义理论研究和建设工程”重点教材《中国古代文学史》编写组首席专家，享受国务院政府特殊津贴专家。主要研究方向为中国古代小说研究、元明清文学，兼重国学传统训诂考证与现代文学批评，对中国古代著名文学家孔尚任、蒲松龄的事迹做出了超前深细的稽考。承担中国古代小说史论、古代文学研究方法论等研究生课程的教学工作。承担教育部博士学科点重点项目“蒲松龄与《聊斋志异》研究”，教育部重大项目“马克思主义理论研究和建设工程重点教材《中国古代文学史》”，山东省社科重点项目“《录鬼簿》及续编汇校详注”。主编整理多项著作，其独立著作《蒲松龄事迹著述新考》获山东省社会科学优秀成果奖一等奖、教育部高校人文社会科学研究优秀成果奖一等奖；主编的教材《中国古代文学作品选》、《中国古代文学史》（合编），为全国数十所高校中文专业选用；整理《王士禛全集》、《陆侃如冯沅君合集》（合编）。2008 年获山东省社会科学突出贡献奖，2009 年获山东大学育才功勋奖，2018 年获山东省社会科学名家称号。

工作心得

韩愈在《师说》里写道："师者，所以传道授业解惑也。"传的是学问之道，更是人生之道。

坚持传统务实求真的治学精神，坚持唯物主义的理论原则，勤奋钻研，就能有所开拓创新。

教学相长，不断学习，不离讲堂，是不断提高之路。

钱曾怡

个人简介

钱曾怡，女，1932 年 3 月生，浙江嵊州人，山东大学文学院退休教授。1956 年毕业于山东大学中文系。1956—1957 年中央普通话语音研究班第二期毕业并从事第三期教学工作，1993 年被评为博士生导师，2005 年 7 月退休。曾为本科生讲授现代汉语、语音学、方言学，为研究生讲授音韵学、语言学名著导读等。出版《汉语方言研究的方法与实践》《汉语官话方言研究》等著作 17 种（包括独著、合作），主编《山东方言志丛书》一套（现已出版 26 种），在《中国语文》《方言》《文史哲》等发表论文 80 余篇。获第三届中国出版政府奖图书提名奖 1 项，第四届中华优秀出版物奖图书提名奖 1 项，华东地区古籍优秀图书奖一等奖 1 项，高等学校科研优秀成果奖（人文社会科学）二等奖 1 项，山东省社会科学优秀成果奖一等奖 2 项、二等奖 5 项、三等奖 2 项。

工作心得

勤奋实在，多为学生着想。

葛本仪

个人简介

葛本仪，女，1933 年 2 月生，山东潍坊人，山东大学文学院退休教授，享受国务院政府特殊津贴专家。1955 年毕业于山东大学中文系，从事汉语言文字学专业的教学与研究，尤以词汇学见长，是我国第一位词汇学专业的博士生导师。曾为本科生开设语言学概论课，为研究生开设有关语言理论和词汇学方面的多种课程。著有《现代汉语词汇》《汉语词汇研究》《现代汉语词汇学》，其中《现代汉语词汇学》由商务印书馆出版，并由卢德里奇（Routledge）出版社出版英文版，该书是我国走出国门的第一本语言学专著。出版《语言学概论》及修订本，并由台湾五南图书出版公司出版繁体版。主编《汉语词汇学》等词汇学专著多部，撰写代表性论文 20 余篇。获教育部高等学校科研优秀成果奖二等奖、山东省社会科学优秀成果奖等多项。两次被评为省级拔尖人才，曾获山东省社会科学突出贡献奖，被评为山东省社会科学名家。

工作心得

我一生从事教师工作，“为人师表”是对教师的基本要求，所以我一直都以此为目标来鞭策自己。具体有以下三点：

一、自己要为人正直、善良，要有道德修养，要做到言行一致，如此才能育人、言传身教。

二、要永远用知识武装自己，以此才能培养出德才兼备的学生。

三、要用爱心对待学生，搞好师生关系，互教互学，共同进步。

荣闾方

个人简介

荣闾方，女，1934年3月生，祖籍江苏无锡。山东大学文学院退休教授。1956年毕业于山东大学中文系。1956年9月参加工作，任北京大学留学生班教师。1962年7月任山东大学中文系讲师，1983年8月晋升副教授，1993年3月晋升教授。1993年4月退休。为本科生讲授外国文学等课程。出版著作《世界十大古典悲剧故事》《世界十大古典喜剧故事》《中国古代十大喜剧传奇》《中国古代十大悲剧传奇》等，发表论文《雨果及其〈巴黎圣母院〉》——纪念雨果诞生180周年》等。

工作心得

以认真负责的态度，求实的精神，做好引导者，也做好启发者。

吴开晋

个人简介

吴开晋（1934.11—2019.12），男，山东沾化人，山东大学文学院退休教授。享受国务院政府特殊津贴专家。1958 年毕业于吉林大学中文系，历任吉林大学中文系写作教研室主任，山东大学中文系讲师、副教授、教授，系副主任。2001 年和 2004 年先后应邀赴美国马里兰大学及华盛顿地区华人诗社讲授唐诗宋词。主要研究方向为现当代文学，承担民间文学、现当代文学、中外现代诗歌、当代创作论等课程的教学工作。兼任中国诗歌学会、中国当代文学研究会、中国新文学学会理事，山东省当代文学研究会副会长。先后出版《现代诗歌艺术与欣赏》、《新时期诗潮论》（主编、合著，国家教委“七五”重点科研项目）、《当代新诗论》、《新诗的裂变与聚变》等。先后获中国当代文学研究成果“野马奖”、中国新文学学会“云岗杯”文学奖、山东省社会科学优秀成果奖二等奖、华北十三省市优秀图书二等奖、山东省教委优秀成果奖二等奖、刘勰文艺评论奖等。1996 年，诗作《土地的记忆》在世界诗人大会上获以色列米瑞姆·林德勃哥诗歌和平奖；2005 年，诗论集《新诗的裂变与聚变》获国际炎黄文化研究会第三届龙文化金奖。

工作心得

做老师要勤奋尽责，传道授业解惑，引导学生老老实实做人，踏踏实实做事。

薛德泰

个人简介

薛德泰，男，1934 年 12 月生，江苏建湖人，山东大学文学院退休副教授。1956 年毕业于山东大学外文系。研究方向为普通语言学。1960 年至 1962 年在北京大学进修，1990 年至 1991 年在苏联任高级访问学者。曾为本科生主讲俄语、语言学概论等课程，为研究生主讲普通语言学、社会语言学、语言学方法、语言学名著选读等课程。合译《苏联通史》第一、二、三卷；在《文史哲》发表学术论文《试论语言的内部发展规律》；苏联访学期间在该国顶级学术期刊发表论文 3 篇。

工作心得

几十年的教学生涯体会：教师要爱岗敬业，要无条件付出。教书育人只有自己站位高才能传输学科最前沿的东西来开阔学生的视野。

严蓉仙

个人简介

严蓉仙，女，1935年1月生，浙江平湖人，山东大学文学院退休教授。1965年毕业于山东大学中文系。就读山东大学中文系文艺理论研究生期间，师承孙昌熙先生。研究方向为电影电视理论。曾为本科生开设电影电视理论、大学语文课程，为研究生开设电影理论研究等课程。全国电影学统编系列教材编委、撰稿人，山东省电影电视教材主编之一。著作有《电影文艺学》《冯沅君传》。

工作心得

教师的工作就是教书育人。教书是主业，教师水平高，才能教出高水平的学生。育人是目的，育人先育己，自己做好了，才能培养出合格的学生。

张可礼

个人简介

张可礼，男，1935 年 9 月生，山东荣成人，山东大学文学院退休教授。曾担任中文系主任、党总支书记。曾兼任中国诗经学会理事、中国《文心雕龙》学会常务理事、中国《文选》学会理事、中国李清照辛弃疾学会常务理事等。1962 年山东大学中文系本科毕业，1965 年山东大学中文系研究生毕业，师从陆侃如先生，主要研究方向为中国古代文学。1990 年被评为教授，1993 年被批准享受国务院政府特殊津贴，被国务院学科评议组评审为博士生导师。独立完成国家社科基金项目“东晋文艺综合研究”“中国古代文学史料学”“20 世纪前半期中国古代文学史料学编年”。在《文学评论》《文学遗产》《文史哲》等刊物发表论文 40 余篇；出版《三曹年谱》《建安文学论稿》《东晋文艺系年》《东晋文艺综合研究》《中国古代文学史料学》等多部著作，其中《中国古代文学史料学》获 2001 年度全国优秀古籍图书奖二等奖。曾荣获山东省社会科学优秀成果奖一等奖、山东省社会科学突出贡献奖。

工作心得

我把传承弘扬中国优秀的传统文化作为自己的担当和事业，不因退休而放弃，不因年迈而终止。乐于斯，与生命相伴于斯。

于维璋

个人简介

于维璋，男，1935年11月生，山东烟台人，山东大学文学院退休教授。1955年至1959年，本科就读于山东大学中文系，1959年至1962年在山东大学中文系师从孙昌熙先生攻读文艺理论专业研究生。1983年至1995年任山东大学中文系文艺理论教研室主任，1996年1月退休。曾为本科生讲授文学概论、中国古代文论，为研究生讲授中国文学批评史专题研究、《文心雕龙》专题研究等课程。出版专著《刘勰文艺思想简论》，发表《刘勰美学思想初探》《〈吕氏春秋〉文艺思想浅说》《谈老舍文艺思想的几个问题》等论文。

工作心得

认真备课讲课，关心爱护学生。

王延晞

个人简介

王延晞，男，1935年12月12日生，山东成武人，山东大学文学院退休教授。中国农工民主党党员，中国农工民主党山东省委员会委员、山东大学支部副主委，山东大学文学院硕士生导师。1956年考入山东大学中文系，1960年山东大学中文系本科毕业，1964年山东大学中文系研究生毕业，师承孙昌熙先生。1965年被分配到山东省文联工作，任《山东文学》编辑。1978年调入山东大学中文系。研究方向为中国现代文学史。曾为本科生开设中国现代文学史（基础课）、老舍研究（选修课）、大学语文（公共课）等课程，为研究生开设老舍研究课。发表论文40余篇，诗词30余首，快板书1篇。出版专著《老舍论稿》《共产党人之歌》《王延晞诗文选》，合编《〈故事新编〉试析》《郑伯奇研究资料》《郑伯奇文集》，参编《中国新文学作品选评》《中国现代书信名作评赏》等。其中，《老舍论稿》《〈故事新编〉试析》获山东省社会科学优秀成果奖二等奖，老舍研究课获山东大学优秀教学成果奖二等奖。《孔繁森三卖血》获“中华颂”第一届全国小戏小品曲艺大展曲艺作品三等奖。

工作心得

从事教育工作，应该热爱学生，关怀学生。教师应做到为人师表，对学生起一些激励作用。我认为，讲授好课程是教师的第一要务。教师讲课应清楚明了，风趣活泼，有深度，学生就乐意听，收效大，受益多，满意度高。教师应该结合自己讲的课程，撰写论文，以提升讲课的质量和水平。教师要多接触学生，同学生多交谈，多沟通，指导他们写些小论文，以提高学生的文字表达能力。

刘光裕

个人简介

刘光裕，男，1936 年 7 月生，江苏武进人，山东大学文学院退休教授。1959 年毕业于山东大学中文系，师承萧涤非、陆侃如、关德栋诸先生。研究方向为文艺理论与编辑学、中国古代出版史。曾为本科生讲授文艺学新论、中国古代文论、古代文学批评史（唐以前）、马列文论，为研究生讲授文艺学、文艺社会学、中国古代文学批评史、西方古代文论、西方现代文论等课程。著有《柳宗元新传》《编辑学论稿》《编辑学理论研究》《现代编辑学》《历史与文化论集》《先秦两汉出版史论》等。

工作心得

在大学教书，或许有两条最重要：其一，任何时候不要忘记自己是老师，做老师的首要条件是为人师表；其二，教学以外以科研为重。慎重选择科研题目，题目一旦确定，全力以赴，不达目的不罢休。

郭延礼

个人简介

郭延礼，男，1937年2月生，山东汶上人。山东大学文学院退休教授，博士生导师。曾任中国近代文学学会会长、山东省近代文学学会会长、山东省古典文学学会副会长兼秘书长。1959年毕业于山东大学中文系，师承冯沅君、萧涤非先生。研究方向为中国近代文学、近代翻译文学、中西文化交流等。曾为本科生开设近代文学史、近代翻译文学史等课程，为研究生开设中国近代文学史、近代翻译文学、近代文学理论、近代诗歌、中西文化冲突与近代文学等课程。出版专著《中国近代文学发展史》《中国近代翻译文学概论》《近代西学与中国文学》《20世纪中国近代文学研究学术史》等20余种，发表论文百余篇。曾承担中国近代文学发展史、中国近代翻译文学史、中国近代文学理论史、近代西学与中国文学等国家社科基金项目。曾获全国高等学校科研优秀成果奖一等奖、第二届国家图书奖、第三届全国教育图书奖一等奖、山东省社会科学优秀成果奖一等奖等。

工作心得

教书育人必须严肃认真，讲课要有新内容、新精神，并富有启发性，让学生确有心得和收获。要培养学生勤于思考、善于发疑的求知精神。人云亦云、比着葫芦画瓢的学习最无出息。学习、科学研究，从严格意义上讲，缺乏创造精神的复述不能算作科学研究。要引导学生开富矿，不要捡别人剩下的破铜烂铁。科学的高峰永远是脚踏实地、勇于攀登的人们创造的。

曹正义

个人简介

曹正义，男，1938年2月生，山东青岛人（祖籍安丘），山东大学文学院退休教授。享受国务院政府特殊津贴专家。1959年山东大学中文系毕业后留校任教，曾任校、系学术委员，中国音韵学会理事，中国对外汉语教学研究会理事。1998年退休。研究方向为音韵学。曾为本科生开设现代汉语、文选习作等课程，为研究生开设音韵学专题、汉语史专书阅读等课程，为留学生开设汉语课程。学术论文有《中古知、照声系类变管测》《元代山东人剧曲用韵析略》《近代文献与方言研究》《革新韵书〈合并字学集韵〉述要》《等韵图内外转补说》《〈通志·七音略〉"重""轻"探疑》等。

工作心得

尽心教学，慎重撰文，教学科研互补互融。

滕咸惠

个人简介

滕咸惠，男，1939 年 6 月生，山东济南人，山东大学文学院退休教授。1961 年北京师范大学中文系本科毕业，师从郭预衡先生；1964 年中国人民大学中文系硕士毕业，师从何其芳先生，主要研究方向为中国文学批评史。1977 年起任教于山东大学文学院，承担本科生文学概论、中国文学批评史和研究生中国古代诗论研究、中国文学批评史专题研究等课程的教学工作。出版专著《〈人间词话〉新注》、《中国文艺思想史论稿》、《人间词话》（现代汉语翻译和讲解）、《唐诗精选》（与程相占合著）。曾多次获得山东省社会科学优秀成果奖三等奖和山东大学科研成果奖二、三等奖。

工作心得

不论是教学工作还是科研工作，都应该认真负责。科研工作应该做到有所创新，要继承前代学者的治学传统并努力有自己的体会和创造。

赵洪贞

个人简介

赵洪贞，女，1939 年 8 月生，山东济南人，山东大学文学院退休职工，曾任文学院教务员。1973 年调入山东大学中文系，分管过下列学生的教务：72 级至 76 级工农兵学员、写作班、作家班，77 级至 91 级专科生、本科生，78 级至 85 级硕士生、博士生、留学生。另负责管理 82 级夜大班、85 级电大班、省广播电视厅班、省陆军学校班等创收班。1992 年借调威海分校管理朝语班教务至 1994 年 10 月退休。论文《调动教师积极性，提高大学本科教育质量》获山东大学教学管理论文评比二等奖。

工作心得

要踏踏实实做事，满怀热情地为教师和学生服务，认认真真地做好教学管理服务工作，制订出切实可行的教学计划，经领导批准后执行。我一生就做了教学管理和教务工作这一件事，为中文系人才培养和创收付出努力，感到很欣慰。

路广正

个人简介

路广正，男，1939 年 11 月生，山东大学文学院退休教授。1963 年大学本科毕业，曾任中学语文教师；1981 年山东大学硕士毕业，师从殷孟伦、殷焕先先生，后留校任教。1999 年底退休。主要研究方向为汉语言文字学。曾任古代汉语教研室主任、山东省语言学会理事、中国训诂学会会员、华东修辞学会会员。在《文史哲》、《中国语文学志》（韩国）及《山东大学学报》等刊物上发表《顾野王〈玉篇〉研究》《古书注解刍议》《曾子教育思想初探》《训诂学与中国古典文献学》等论文。主要著作有《训诂学通论》《孔融集校注》《文言文解析》等。

工作心得

我从事教学工作多年来，始终保持着谦虚谨慎、实事求是、严谨治学的态度，也将这种态度贯穿于自身教学之中，尽心尽责。

牛运清

个人简介

牛运清，男，1940年9月生，山东淄博人，山东大学文学院退休教授。1965年毕业于山东大学中文系，1965年9月至1971年2月任教于山东大学中文系，后调至淄博市广播局工作，1978年5月重回山东大学任教至退休。研究方向为中国当代文学。曾开设本科课程中国当代文学史、当代文学思潮，研究生课程现当代文学专题研究等。曾承担国家级课题1项，省级课题2项。著有《大地之子的抉择》《刘白羽评传》《民族性·世界性：中国当代文学专题研究》等，主编《新时期改革开放题材长篇小说研究》《中国当代文学作品辞典》《中国当代文学精神》《中国现当代书信名作评赏》《超时空的辉煌——20世纪中国小说精品赏读》等。其中《刘白羽评传》曾获山东省社会科学优秀成果奖二等奖。

工作心得

我原在文艺理论教研室，1978年国家教委将当代文学列为本科必修课。系里让我改教中国当代文学，那时，一无教材，二无资料积累。我与复旦、人大、南开等校及本校同行合作，编著出版《中国当代文学史》（上中下三册）、《中国当代文学作品选评》（上下两卷）、《中国当代文学研究资料丛书》（50余种），主编《中国当代文学作品辞典》。为当代文学教学、科研铺路架桥，搞了一系列配套工程，那时候，不知哪来这般劲头。山大给予我太多，我对山大贡献甚少。时代、环境、人为，决定一个系的模样。祝愿中文系后浪推前浪，排除万难，永远争上。

解洪祥

个人简介

解洪祥，男，1940年10月生，山东高唐人，山东大学文学院退休教授，曾任文学院党委书记、山东省鲁迅研究会会长。1966年毕业于山东大学中文系。工作期间为本科生主讲中国现代文学史，为研究生开设鲁迅研究等课程。发表《中国新文学历史走向的文化预示》等多篇学术论文，著有《近代理性·现代孤独·科学理性——鲁迅的精神历程及其他》《中国现代文学精神》等。研究成果曾获山东省社会科学优秀成果奖二等奖。

工作心得

知之为知之，不知为不知，决不强不知为知。老老实实，一步一步，多学、多问、多想。思及深处，思及远处，不急不躁，不停不惧，不悔不回。想着明天，想着明年，总有事做，总在做事。

乔国凤

个人简历

乔国凤，女，1940 年 10 月生，山东荣成人，山东大学文学院退休职工。1961 年在山东大学中文系写作教研室任资料员，1970 年起在物理系图书室工作，1985 年回到中文系工作至 1995 年退休。曾被评为山东大学优秀党员和先进工作者。

工作心得

在几十年的工作中，我认为人的能力固然重要，但最重要的还是工作态度，对组织交办的工作要认真负责，讲诚信，不辜负领导的期望、信任，应尽到一个共产党员的义务，做好本职工作。

曾繁仁

个人简介

曾繁仁，男，1941年1月生，安徽泾县人，山东大学终身教授，兼任国务院学位委员会中文学科评议组成员、全国哲学社会科学规划委员会中文学科评审组成员、教育部社会科学委员会委员等。1964年毕业于山东大学中文系并留校任教，历任山东大学讲师、教授，教务长、常务副校长；山东省教委副主任、党组副书记、高工委副书记；中国海洋大学党委书记，山东大学党委书记、校长。主要研究方向为生态美学、审美教育、文艺美学。承担国家社科基金重大项目2项、教育部人文社会科学重点研究基地项目4项，作为首席专家主持教育部哲学社会科学重大课题攻关项目1项、教育部“马克思主义理论研究和建设工程”项目1项。独立出版《西方美学论纲》《西方美学范畴研究》等学术专著16部，主编《现代西方美学思潮》等学术著作10余部。在《人民日报》《光明日报》《文学评论》《文艺研究》等重要报刊上发表学术论文200余篇。先后获得山东省社会科学优秀成果奖5次，刘勰文艺评论奖3次，中国高校人文社科研究优秀成果奖 1 次，全国百篇优秀博士论文指导教师奖 1 次，以及山东省社会科学突出贡献奖。

工作心得

以平淡的心态做有意义的事情。

以教师为荣，以山大为荣，以学生为荣。

孔范今

个人简介

孔范今，男，1942 年 3 月生，山东曲阜人，山东大学文学院退休教授，曾任文学院院长。1967 年毕业于山东大学中文系。研究方向为 20 世纪中国文学史观。为本科生讲授现代文学课程，为研究生讲授现代文学思潮、人文方法论等课程。承担国家社科基金、教育部社科基金项目多项。论著有《悖论与选择》《走出历史的峡谷》《孔范今自选集》《重构对话》等，主编《中国现代文学补遗书系》《二十世纪中国文学史》《中国现代文学史》《读中国》《百年大潮汐——20 世纪中国思想解放运动文录》《全唐五代词释注》《中国现代新人文文学书系》等。论文发表于《中国社会科学》《文学评论》《中国现代文学研究丛刊》等。学术成果曾获中国高校人文社科研究优秀成果奖、刘勰文艺评论奖，个人荣获山东省社会科学突出贡献奖、山东省社会科学名家等。

工作心得

我是山大中文 62 级的学生。考入山大时，整个国家的物质生活尚未完全走出困境，我们每天总还要吃一顿铁红色的高粱面窝头，可是，诸多名教授已尽数返回教学第一线，在学业上能够得到他们的亲炙，是何等之幸也。程门立雪，甘之如饴，生活虽苦，心里却是温暖而甜美的。就是在这样的教育环境中，通过数年勤学精思，我们不仅打下了比较坚实的专业知识基础，获得了独立治学的基本能力，而且尤为可贵的是，渐渐明晰地确立了终生不弃的理想追求。

马瑞芳

个人简介

马瑞芳，女，回族，1942年4月生，山东青州人，山东大学文学院退休教授，博士生导师。中国作家协会全国委员会荣誉委员、中国《红楼梦》学会学术委员会委员、复旦大学古代文学研究中心学术委员。曾任山东大学古代文学学科学术带头人、山东省作协副主席、山东省政协常委、山东省人大常委。1965年毕业于山东大学中文系，师从冯沅君、陆侃如、高亨、萧涤非等教授，主要研究方向为中国古典小说、《红楼梦》研究、蒲松龄研究。主要学术著作有《幻由人生：蒲松龄传》《中国古代小说构思学》《聊斋艺术高峰论》《从〈聊斋志异〉到〈红楼梦〉》《马瑞芳重校评点〈聊斋志异〉》及“马瑞芳趣话经典系列”“马瑞芳古典小说风情谭系列”“马瑞芳书里书外话四大名著”等。著有长篇小说《蓝眼睛黑眼睛》《天眼》《感受四季》等，散文随笔集《学海见闻录》《煎饼花儿》《百家讲坛这张“魔鬼的床”》《漏泄春光有柳条》《假如我很有钱》《野狐禅》《女人和嫉妒》《十里荷香柳丝青》等。作品获山东省社科优秀成果奖、全国优秀长篇小说奖、全国纪实散文奖、首届全国少数民族文学创作一等奖、全国女性文学创作奖、全国女性文学理论创新奖。2005 年中央电视台《百家讲坛》播出《马瑞芳说聊斋》，2018 年喜马拉雅音频平台《马瑞芳品读〈红楼梦〉》10 万订阅量，播放 2300 余万次。

工作心得

冯陆高萧为人师表严谨治学，视为人生楷模；与青年学子共游学海，有用不完的劲，与青春在一起，思想可随笔杆转；研究创作两不误，苦读经典，个人创作受益，坚持创作，研究经典有独特视角，两条路上追兔子，乐在其中。激流勇进，奋斗不止，其乐无穷。

孔智光

个人简介

孔智光，男，1943 年 10 月生，山东曲阜人，山东大学文学院退休教授。1962 年考取山东大学中文系，1979 年考取山东大学美学和文艺学专业研究生，1982 年毕业，留校工作至退休。曾为本科生讲授文学概论、美学原理、文艺批评学等课程，为研究生讲授美学及文艺美学专题研究、文艺理论、中西方美学史、中国审美文化、中国书画美学等课程。学术专著有《理想美学》《中西古典美学研究》《文艺美学研究》《中国审美文化研究》《文艺沉思录》，合著《文艺批评方法论》，发表专业论文 40 多篇。曾被评为山东大学优秀教师，被载入《中国 100 所高等学校中青年社科教授概览》《中国作家大辞典》《中国当代美学名人志》等书。

工作心得

若想教好书，先要踏踏实实多读书。书读得多，底子厚，课堂上的讲授才能内容丰厚，收放自如。若要教好书，还要潜心做学问，深入思考问题，不为名利所动。

张志甫

个人简介

张志甫，男，1944 年 2 月生，山东沂源人，山东大学文学院退休副教授。1967 年毕业于山东师范大学中文系，1974 年任职山东大学政治部校刊编辑，1976 年调入山东大学中文系任教。发表论文《李英儒的长篇小说〈女游击队长〉》《老舍旧体诗简论》《论高兰和他的朗诵诗》等多篇。曾任现当代文学教研室、外国留学生教研室负责人。热情参与学科规划建设、本科教材新编，组织相关学术社团和学术交流活动。一直坚守教学一线，执教中国现代文学。其间，协助高兰教授主持山东省郭沫若学会工作，开展专项研究，开设中外戏剧、中西文化比较专题，不断深化中国现代文学研究。

工作心得

坚守教学一线，提高教学水平，为国家培养众多文化精英奉献知识和智慧。

窦昭泉

个人简介

窦昭泉，男，1944年3月生，山东章丘人，山东大学文学院退休职工。曾任山东大学文学院办公室主任，高级实验师。1962年8月济南师范学校毕业后应征入伍，1968年3月退役后在济南三十四中工作。1979年1月调入山东大学物理系，1985年5月调入中文系，先后任办公室主任、系副主任，后兼任工会主席。文学院成立后改任办公室主任兼任工会主席。分管文学院的行政、实验室、资料室、继续教育和创收等工作。曾任山东大学第三届、第四届图书情报委员会委员。1989年和1998年被评为山东大学优秀教育工作者。2004年5月退休。

工作心得

我在文学院从事行政工作多年，我的体会是：对工作要满腔热情，对同事要诚心诚意，对同学要关心爱护，处理问题要实事求是、严谨认真，万万不可粗心大意，只有这样才能把工作做好，才能不辜负老师和同学们的期望。

赵璧清

个人简介

赵璧清，女，1944 年 3 月生，河北保定人，山东大学文学院退休职工。毕业于泰安师专。自 1989 年至退休，担任山大中文系教务秘书。

工作心得

尊重、坦诚、爱。

王洲明

个人简介

王洲明，男，1944年10月生，山东临清人。山东大学文学院退休教授，曾任文学院副院长、国际教育学院院长，曾兼任中国诗经学会副会长、屈原学会理事、山东省古典文学学会副会长。1969年北京师范大学中文系本科毕业；1981年山东大学古代文学专业硕士毕业，师从萧涤非、董治安先生。研究方向为中国古代文学、先秦两汉文化与文学。曾为本科生开设先秦文学史、汉代文学史、先秦两汉诗歌研究等课程，为研究生开设先秦文学研究、汉代文学研究、汉代经学研究专题、古代文学研究导论等课程。出版著作《先秦两汉文化与文学》、《诗赋论稿》、《中国古代文学精神·汉代卷》、《历代名著精选集·新书》、《齐文学艺术史》（二人合著）、《贾谊集校注》（二人合著）等，主编《历代文豪传》《古文与骈文》《杂剧与传奇》《中华魂·科技卷》等。在《文学遗产》《文史哲》《山东大学学报》等刊物发表文章近百篇。承担全国高校古籍整理项目、山东省古籍整理项目各1项。获国家级教学成果奖（参加者）1 项，“五个一工程”奖（参加者）1 项，山东省社会科学优秀成果奖二等奖、三等奖各 1 项。

工作心得

教书育人，是教师的天职。追求创新，是从事学术研究的灵魂。有一分耕耘，就有一分收获；多一分艰辛，就多一分成功。做人，是为学、为文与做事的根本。

武润婷

个人简介

武润婷，女，1945 年 4 月生，山东阳谷人，山东大学文学院退休教授。曾兼任中国近代文学学会理事、山东省近代文学学会常务理事。1970 年北京师范大学中文系本科毕业；1983 年山东大学中文系硕士毕业，师承袁世硕先生。研究方向为元明清文学。曾给本科生开设元明清文学、明清世情小说研究等课程，给研究生开设近代文学、近代小说研究等课程。承担山东省古籍整理项目“徐夜诗研究”，全国高校古籍整理项目“诸宫调研究”等。出版专著《徐夜诗集校注》《中国古代长篇白话小说发展研究》《中国近代小说演变史》，并在《文史哲》《山东大学学报》《文艺研究》《南开大学学报》《中国典籍与文化论丛》《中州学刊》《河北师范大学学报》等刊物上发表论文多篇。独立获得山东省社会科学优秀成果奖三等奖 1 项，山东省高等学校优秀科研成果奖三等奖 1 项，山东大学社会科学优秀成果奖三等奖 1 项。

工作心得

尚德，敬业，执着。教学方面要对学生负责，认真备好每一堂课，认真辅导学生的习作，注重提升学生的品格、学养和能力。科研工作要扎扎实实、深入细致，大量研读文献，坚持实证精神。

徐　超

个人简介

徐超，男，1945年5月生，江苏盐城人，山东大学文学院退休教授。曾任中国书协学术委员、教育部人文社会科学项目评审专家、山东大学中文系副主任、山东大学书法艺术研究中心主任、《书画艺术报》特聘副主编、尼山学堂导师。1969年北京师范大学中文系本科毕业；1981年山东大学中文系硕士毕业，师从殷孟伦、殷焕先先生。书法和书法研究得益于启功先生和蒋维崧先生。研究方向为文字音韵训诂、书法与书法文化。曾为本科生讲授古代汉语、中国传统语言文字学、训诂学，为研究生和博士生讲授人文社会科学方法论、汉语研究、汉语史文献导读等课程。曾承担或参与山东省古籍整理项目《贾谊集校注》《清人训诂笺评》《历代书法论著汇释》《山东出土青铜器铭文书法研究》等。独立出版专著《中国传统语言文字学》《崧高维岳——蒋维崧和他的书法篆刻艺术》《对联艺术》《宋诗集泉》《大美汉字》等。《中国传统语言文字学》曾获华东地区大学出版社优秀学术著作一等奖、山东省社会科学优秀成果奖二等奖等 8 个奖项，参与主编《中华民族优秀传统汇典》《中华文化精华文库》等。曾获中国书法兰亭奖教育奖二等奖、山东省泰山文艺奖一等奖、山东省高等教育教学成果奖二等奖等。

工作心得

渺小的人生中贯穿着一个荒唐，总是妄想创造并体现艺术。此意难以言述，姑且就从我的一个荒唐的“创造”——戏集的“珠璧联”里选择三则略表此意吧。其一曰：“数笏石存山意思，一帘花得月精神；百年人耻寻常老，一卷书争分寸功。”（注：二联皆前人所作，我集二联合一，盖取“珠联璧合”之意。形虽二联而系于一旨，故又戏称“并蒂联”）其二曰：“读书心细丝抽茧，练句功深石补天；谈诗客至风生座，论画人归月透帘。”其三曰：“聚六一居士所好，得九二幽人之贞；剪一片白云补衲，邀半轮明月看经。”

智者有言：“依文解义，三世佛冤。离经一字，即同魔说。”故朦胧往往存真。

华滇珂

个人简介

华滇珂，女，1945年6月生，浙江龙游人，山东大学文学院退休副教授。1968年毕业于山东大学中文系。自1980年在山东大学中文系工作至2005年退休。研究方向为写作。主讲新闻采访与写作课程。曾发表《华岗年表》《萧红与华岗——谈萧红致华岗的六封信》等论文。

工作心得

从教几十年，虽成绩不大，但自认对工作还算认真负责。对学生既要严格要求，也要耐心、关怀，一视同仁，满怀热情。

马龙潜

个人简介

马龙潜，男，1945年7月生，辽宁沈阳人，山东大学文学院退休教授。享受国务院政府特殊津贴专家。1982年毕业于山东大学中文系，师从周来祥、狄其骢两位先生。研究方向为美学与文艺理论。曾为本科生开设美学概论，为研究生开设文艺学方法论等课程。历年来共主持承担国家社科基金重大项目1项、重点项目1项、一般项目2项，教育部基地重大项目3项，出版学术专著9部，发表学术论文170余篇。学术成果曾获山东省社会科学优秀成果奖、刘勰文艺评论奖、山东省高等学校优秀科研成果奖；个人荣获山东省社会科学突出贡献奖、山东省社会科学名家称号。

工作心得

在近40年的教学科研生涯中，我认为最重要的工作态度是认真、负责、勤奋、执着。我深切地体会到了作为一名高校教师的光荣感和使命感，体会到了培养出优秀学生的自豪感和责任感，体会到了追求学术真理的庄严感和崇高感。

王培源

个人简介

王培源，男，曾用名王培元，1945年7月生，山东淄博人，山东大学退休教授。1981年山东大学中文系硕士毕业，师承萧涤非、董治安诸先生。曾为本科生开设先秦两汉文学，为研究生开设先秦两汉文学、校雠学等课程。曾担任《中华大典·文学典·先秦两汉文学分典》副主编。承担2016年国家社科基金重大项目“俄罗斯藏中国古籍的调查编目、珍本复制与整理研究”，参与国家重点文化工程——“全球汉籍合璧工程”。

工作心得

认真做好自己的工作，以学生为朋友。知“传道、授业、解惑”之不易，“为人师表”之高标，“教学相长”之无尽，敢不黾勉以从之。

温儒敏

个人简介

温儒敏，男，1946 年 2 月生，广东紫金人，北京大学文学博士。2011 至 2019 年任山东大学人文社科一级教授，现为山东大学兼职讲席教授。曾任北京大学中文系主任、北京大学出版社总编辑、国务院学位委员会学科评议组成员、中国现代文学研究会会长。研究方向为中国现当代文学、文学理论与语文教育，著作有《中国新文学现实主义的流变》、《中国现代文学批评史》、《中国现代文学三十年》、《温儒敏论语文教育》（一至四集）、《温儒敏谈读书》、《为精神界之战士者安在》等 20 余种。在山东大学曾讲授中国现当代文学专题研究、现当代文学学科概要、文论精读与写作等课程，担任国家社科基金重大项目“当代社会‘文学生活’调查研究”首席专家，担任全国中小学语文统编教材总主编。获教育部表彰“国家级高校教学名师”（2008 年），被中国教育学会等机构评为“当代教育名家”（2017 年，全国共 99 名）。

工作心得

我深感在中国喊喊口号或者写些痛快文章容易，要推进改革就比想象难得多，在教育领域哪怕是一寸的改革，往往都要付出巨大的代价。我们这些读书人受惠于社会，现在有些地位，有些发言权，更应当回馈社会。光是批评抱怨不行，还是要了解社会，多做建设性工作。

吉发涵

个人简介

吉发涵，男，1947年9月生，山东章丘人，山东大学文学院退休教授，博士生导师。1981年山东大学中文系本科毕业；1987年山东大学中文系硕士毕业，师从殷焕先先生。研究方向为汉语史、中国古代文化、古人名字解诂、汉语诗歌格律研究等。曾为本科生开设古代汉语、楚辞导读、中国古代文化、汉语诗歌的传统与创新发展等课程，为研究生开设古汉语词汇研究、音韵学、古人名字研究等课程。著有《古人名字解诂》（吉常宏、吉发涵合著）、《中国古代文化纲目举要》，主编《中华大典·风俗典·风俗民俗分典》。1993年获山东大学优秀教学奖，2007年获山东省“五一文化奖”文学作品奖一等奖，《古人名字解诂》获2008年中国出版政府奖图书提名奖。

工作心得

教师工作责任重大，必须兢兢业业对待每一堂课，要“准备好一桶水，才能给学生一杯水”。

庞守英

个人简介

庞守英，女，1948 年 1 月生，山东聊城人，山东大学文学院退休教授。1973 年毕业于山东大学中文系。研究方向为中国现当代文学。曾主讲中国当代文学、新时期文学研究等本科生课程，以及小说文体研究、小说叙事学等研究生课程。专著《新时期小说文体研究》获首届刘勰文艺评论奖，《尴尬——一种新的审美现象》获山东省社会科学优秀成果奖二等奖，《新时期小说的悲剧意识》获第四届刘勰文艺评论奖。个人还曾获山东省优秀社科工作者、山东大学工会积极分子等荣誉称号。

工作心得

教学效果如何，关键在备课。课上十分钟，课下十年功。引导学生多读书，读原著，读名著，做读书笔记。

耿建华

个人简介

耿建华，男，1948年6月生，山东寿光人，山东大学文学院退休教授，曾担任文学院副院长。1982年毕业于山东大学中文系，师从吴开晋先生。研究方向为中国现当代文学、现当代诗歌、新闻传播学。曾为本科生开设中国当代文学史、台湾现代诗歌研究、诗词欣赏与创作等课程，为研究生开设中国现当代诗歌研究、社会科学方法论等课程。承担教育部课题“新时期诗潮研究”。独立或合作的著作有《中国现代朦胧诗赏析》《台湾现代诗赏析》《诺贝尔文学奖获得者诗歌赏析》《新时期诗潮论》《诗歌的意象艺术与批评》《鸡肋集译注》等，诗集有《伴山堂诗词》《耿建华抒情诗》等；主编《三上文库·中国古典诗歌卷》《山东新时期诗选》《当代中华诗词集成·山东卷》等。曾获山东省社会科学优秀成果奖二等奖、三等奖，刘勰文艺评论奖。

工作心得

不为虚名所累。勤恳做事，诚实待人。不断学习，老有所为。

黄万华

个人简介

黄万华，男，1948 年 6 月生，浙江上虞人，教授（二级），兼任中国世界华文文学学会副会长和中国小说学会、中华文学史料学学会等多个全国学会常务理事、理事等。享受国务院政府特殊津贴专家。1980 年 7 月提前毕业于牡丹江师范学院中文系，获文学学士；1985 年就读于中国社会科学院文学所研究生班，主要从事中国现当代文学与海外华文文学教学与研究。2019 年在山东大学威海校区中文系讲授本科课程：人文学科研究方法和学位论文写作、台湾文学史、香港文学史、海外华文文学史。著有《中国抗战时期沦陷区文学史》《新马百年华文小说史》《中国与海外：20 世纪汉语文学史论》《多源多流：双甲子台湾文学（史）》《百年香港文学史》《跨越 1949：战后中国大陆、台湾、香港文学转型研究》《文化转换中的世界华文文学》《史述与史论：战时中国文学研究》《战后 20 年中国文学研究》《传统在海外：中华文化传统和海外华人文学》《在旅行中拒绝旅行》等专著 16 种，主编或主笔《美国华文文学论》等14种，在57种CSSCI刊物、64种中文核心期刊等发表论文近400篇，60余篇被转载。曾获宝钢优秀教师奖、福建省优秀教师、山东省教学名师、山东大学首届教学名师、山东大学首届优秀教学奖、“我心目中的好导师”等荣誉；学术成果获国家教学成果奖二等奖、国家精品课程、省教学成果奖一等奖（2项）、省优秀教材一等奖等；主持国家社科基金项目6项和省部级课题8项；获山东省社会科学优秀成果奖一等奖2项、二等奖4项，刘勰文艺评论奖4项，首届齐鲁文学奖和首届泰山文艺奖等。

工作心得

教学和科研是教师的双翼，都要厚积薄发，尽心尽责。

戴友夫

个人简介

戴友夫，男，1948 年 8 月生，山东临沂人，山东大学文学院退休教授。1978 年毕业于曲阜师范大学中文系，毕业后至山东大学工作。长期给本科生讲授文学基础、大学语文、写作等公共基础课，其中，中华传统文学修养为国家级精品课程。出版著作《东周列国计谋鉴赏》，教材《大学文学基础》等 20 余部（册）。在核心期刊和国家级刊物发表论文《高校人文课程考试改革构想》等 30 余篇。参加“依托‘文史见长’的学科优势，构建文化素质与民族精神一体化教育的大学公共课程体系”等 16 个科研项目，获国家级和省级一、二等奖奖励。独立承担省级科研项目“传统文学修养与大学生健全人格培养研究”等 2 项。

工作心得

我在几十年的教学工作中深切体会到，教学工作要认真负责，对待学生要关心爱护。只有这样，才能从教师的良心上得到安慰！

盛玉麒

个人简介

盛玉麒，男，1948 年 10 月生，吉林汪清人，祖籍山东莱州，山东大学文学院退休教授。山东大学国际合作联络教授、国家社科基金通讯评委、澳门科技大学国际学院兼职教授、山东大学中文信息研究所所长、文学院返聘教授。1976 年延边大学中文系本科毕业；1984 年山东大学研究生毕业，获硕士学位；2002 年获山东大学博士学位。主要研究方向为文字学、词汇学、中文信息处理、计算机辅助教学等。学术兼职有国家语委标准化委员会语汇分标委委员、中国中文信息学会理事、中国计算机学会汉字信息技术专委会副主任、国际中文教学现代化学会理事。截至 2014 年，担任负责人或为主要人员参加研制并通过鉴定的科研成果 20 项（其中国家级重点项目 4 项、省部级 10 项、横向课题 4 项、自选项目 2 项），出版著作成果 21 种（包括主编或参编的教材、词典、论文集、电视教育片、专利等），发表学术论文 180 余篇（其中国际学术会议论文 38 篇）。与葛本仪教授联合主持完成的《信息处理用现代汉语三万词语集》获山东省社会科学优秀成果奖一等奖，担任主编完成的《现代汉语网络课程》被评为教育部首届国家级精品课程，独立完成的《现代汉语立体化课程体系建设》获得国家级优秀教学成果奖二等奖。

工作心得

教师是崇高而神圣的职业，也是让我幸福一生的事业。每次与学生的沟通都让我获得激励和灵感。在知识更新的时代，学生旺盛的求知欲和对新事物新知识的敏感，都是催我奋进、永葆青春的动力之源。教学相长，让我终身受益。

王　平

个人简介

王平，男，1949 年 1 月生，山西祁县人，山东大学文学院退休教授，博士生导师。曾担任文学院副院长，兼任中国聊斋协会（筹）会长、中国水浒学会副会长、中国金瓶梅研究会（筹）副会长、中国西游记文化研究会学术研究中心秘书长等。1982 年 1 月山东大学中文系本科毕业；1987 年、1999 年山东大学中文系硕士、博士毕业，师从袁世硕先生。研究方向为中国古代小说、元明清文学。2019 年为研究生主讲中国古代小说史课程。主要学术著作有《聊斋创作心理研究》《中国古代小说文化研究》《中国古代小说叙事研究》《明清小说传播研究》《古典小说与古代文化讲演录》《金瓶梅研究精选集》《中国古代白话小说传播研究》《明清小说与民俗文化》《兰陵笑笑生与〈金瓶梅〉》《中国古代小说序跋研究》等。在《文学评论》《文艺研究》《文学遗产》《文史哲》等刊物上发表学术论文百余篇。承担国家社科基金一般项目 2 项、教育部人文社科基金项目 1 项、山东省社科规划重点项目 1 项。获得山东省社会科学优秀成果奖一等奖 1 项、二等奖 3 项、三等奖 1 项。

工作心得

如何在前辈学者研究的基础上继续对中国古代小说的研究有所开拓和创新，是摆在每一位研治古代小说者面前的紧迫课题。任何事物都是一个复杂的有机整体，因此在对其进行研究时，必须不断变换角度，从各个方位进行观照。角度的变换也就意味着方法的更新，只有这样才能对该事物有一个全面系统深入的认识和把握。因此应当尝试运用新的理论和方法，对中国古代小说进行多方位、多角度、全面系统的思考与研究。

杨端志

个人简介

杨端志，男，1949 年 7 月生，山东菏泽人，山东大学文学院二级教授，博士生导师。毕业于北京大学中文系，得到王力、唐作藩、郭锡良、朱德熙、陆俭明、马真、蒋绍愚等先生授课指导。在教育部委托南京大学洪诚先生举办的全国高级训诂学师资研究班学习，授课老师为洪诚、徐复、殷孟伦、陆宗达等先生，并跟随诸先生一起发起成立中国训诂学会。曾在北京师范大学训诂班学习，老师有陆宗达、王宁、许嘉璐等先生。自 1979 年起先后担任古代汉语教研室副主任、主任，汉语语言文字学研究所所长。研究方向为训诂学、古文字学、词汇学、汉语史。自 1977 级始先后为本科生讲授古代汉语、训诂学、古文字学、汉语史等，为硕士生、博士生讲授汉语研究、训诂学研究、古文字研究、音韵学研究、汉语史、汉语言学史等。山东省第一批青年学科带头人，先后为山东大学校聘教授、二级教授。汉语语言文字学博士点学科带头人之一。1999 年至 2000 年应邀赴韩国成均馆大学讲学。著作有《训诂学》《汉语的词义探析》《汉语史论集》等20余部，学术论文70余篇，主编《汉语言文字学研究》丛书等。承担国家社科基金重点项目“汉语词汇通史研究”、教育部人文社科重点研究基地重大项目“周易语言学研究”等20余项。获山东大学优秀博士论文指导奖2项、山东省优秀博士论文指导奖2项、山东省优秀科技创新指导奖4项、山东省优秀研究生指导教师。科研获奖20余项，《训诂学》获1987年山东省教委优秀科研著作一等奖，《汉语的词义探析》获2004年山东省社科优秀成果奖二等奖。主编并撰写《汉语词汇通史》16卷，500余万字，获国家出版基金资助，并入选“十三五”国家重点出版物出版规划项目。

工作心得

我想学习前人留下的一切知识。我想弄明白研究对象的一切事实。我会把学习、传授知识、科学研究作为我一生的基本生活方式。

郑凤兰

个人简介

郑凤兰，女，1949年8月生，山东成武人，山东大学文学院退休教授。毕业于山东大学中文系，研究方向为影视文化、新闻、写作。曾为本科生开设写作、电影欣赏课程，为研究生开设媒介研究及影视文化传播等课程。著有《电影文化论》，主编《电视剧美学》《新闻采写与编辑》《坚守与超越》等。学术论文有《论电影创作与改编》《荧屏历史剧的存在形态及价值分野》《论历史题材电视剧的文化属性》《论好莱坞电影的创作模式》《对国产军事题材影片的评价及思考》《影视剧人物塑造的误区与观众审美情感认同的错位》《现代写作学体系建构与价值呼唤》等。作品曾获山东省社会科学优秀成果奖等。

工作心得

作为一名教师，首先要热爱教育事业，恪尽职守，教书育人，勤奋工作，不断提高自己的思想觉悟和专业水平。关爱学生，教学相长，不断改进教学方法和拓展教学内容。在教学中，注重学生对专业知识的掌握和专业能力的培养。

章亚昕

个人简介

章亚昕，男，1949年11月生，河北河间人，山东大学文学院退休教授。1983年毕业于山东大学中文系，师从高兰教授，研究方向为中国现当代文学。曾主讲现当代文学史、中国新诗研究等课程，2009年退休。著作有《现代诗美流程》《近代文学观念流变》《中国新诗史论》等10余种，发表论文200余篇，主要围绕港台诗歌、新诗史论，体量逾300万字。曾获山东省社会科学优秀成果奖二等奖。

工作心得

把短的讲长，把长的讲短。让学生爱听，形成科研思路。旁征博引，打中要害。

叶国良

个人简介

叶国良，男，1949 年生，台湾桃园人，1971 年台湾大学中文系本科毕业，1978 年硕士毕业，1983 年博士毕业。台湾大学中文系教授，历任台湾大学中文系主任、文学院院长。师从著名学者屈万里、孔德成，学术专长为经学、礼学和金石学，主要著作有《宋人疑经改经考》《宋代金石学研究》《经学侧论》《经学通论》《石学蠡探》《石学续探》《古代礼制与风俗》《礼学研究的诸面向》《礼学研究的诸面向续集》《中国传统生命礼俗》《古典文学的诸面向》等，发表论文 80 余篇，主持《仪礼·士昏礼》3D 彩色动画的研发与制作。2019 年 7 月 31 日在台湾大学文学院正式退休，同年 8 月 1 日就任山东大学讲席教授，在文学院开设《仪礼》导读、经学概论等课程，招收硕士研究生、博士研究生。

工作心得

认真负责，实事求是。

李亚田

个人简介

李亚田，男，1951年2月生，河北故城人，山东大学文学院高级实验师，已退休。毕业于江西大学新闻系。曾为本科生开设摄影技艺、新闻摄影、广告摄影等课程。

工作心得

我认为教学工作就是两句话：一、对学生负责，二、让自己心安。

很多人认为摄影很简单，没什么可学的。实际上摄影并不是大家想象的那么简单。摄影是一门集艺术与技术为一体的综合学科，是大有学问的。我从编写教材到课堂授课再到实验室实习，尽最大努力让同学们喜欢并爱上摄影。

我热爱我的工作，也喜欢同学们的学习劲头和认真态度。我喜欢这种感觉。退休这么多年了，每每回想起来，还是历历在目，让人不能忘怀。

傅　平

个人简介

傅平，女，1952年11月生，山东寿光人，山东大学文学院退休教师，副研究馆员。山东大学中文系函授本科毕业，自1976年起在山东大学中文系从事图书资料管理工作，2013年退休。

工作心得

感谢老先生们的培育之恩，感谢同事们的友谊之情。

王永革

个人简介

王永革，女，1952 年 11 月生，山东临沂人，山东大学文学院退休职工。1978 年 8 月至 1980 年 8 月在山东省文教卫生委员会办公室工作，1980 年 8 月至 2012 年 12 月在山东大学文学院工作，曾任分党委干事、组织员，副处级调研员、副研究员，院工会主席、院办主任，于 2013 年 1 月退休。

工作心得

工作中最重要的是坚守党员的理想信念，对本职工作饱含热爱。

杨志毅

个人简介

杨志毅，男，1953年2月生，山东莱州人，山东大学文学院退休教师，副教授。1982年毕业于山东工学院电子系微电子专业，2001年2月工作调动至山东大学文学院大学语文教研室，2013年2月退休。

工作心得

教育工作中最重要的工作态度，是热爱教育事业、忠诚于教育事业的态度，要教学相长，日益精进，对学生要教书育人并重，关心学生成长。

王汶成

个人简介

王汶成，男，1953年5月生，山东临沂人，山东大学文学院、文艺美学研究中心教授，博士生导师。1980年考入山东大学中文系，1984年山东大学中文系本科毕业；1987年山东大学中文系硕士毕业，师从狄其骢先生。2000年山东大学文学院博士毕业，师从曾繁仁先生，研究方向文艺理论、文艺美学。为本科生开设文学概论、马列文论、美学概论等课程，为硕士、博士研究生开设人文科学方法论、文艺学美学基础理论、文学语言学、文艺传播学等课程。承担教育部人文社科重点研究基地重大项目、国家社科基金、国家级规划教材等项目若干。出版《文学语言中介论》、《文学话语的类型学研究》、《文学及其语言》、《文艺学的现代境遇与问题》、《人文博物馆·文学卷》、《文艺学通论》（合著）等著作。曾获国家教委优秀教材二等奖、教育部高校人文社科研究优秀成果奖，山东省社科优秀成果奖一等奖、二等奖，刘勰文艺评论奖（3次）等。

工作心得

最重要的工作态度：教书育人的奉献精神、科学研究的求实精神；最深切的体会：无论教学科研，做好很难，做成更难，坚持努力、尽力而为。

朱恩玲

个人简介

朱恩玲，女，1953 年 6 月生，山东安丘人，山东大学文学院退休职工。曾任研究生教学秘书，曾获山东大学研究生教育管理工作先进个人。

工作心得

一、热爱自己的本职工作，关心学生，热情为师生服务。

二、在工作中始终抱着踏踏实实、勤勤恳恳的工作态度，认真做好领导交给的每一项工作。

三、工作中注重政治学习和专业学习，不断提高自身素质和业务水平。

张学军

个人简介

张学军，男，1954 年 1 月生，山东阳谷人，山东大学文学院退休教授。1982 年山东师范大学中文系本科毕业；1986 年山东大学中文系研究生毕业，师从孙昌熙先生，研究方向为中国现代文学，后留校任教。2002 年，获得山东大学文学博士学位。2019 年退休。曾教授中国当代文学、当代小说流派研究等课程。承担国家社科基金项目“莫言小说叙事学研究”，已结题。著有《中国当代小说流派史》《中国当代小说中的现代主义》《中国当代文学的艺术探索》《鲁迅的讽刺艺术》《巴金与读书》《文学的情思》《文学本体的阐释与批评》等学术专著。科研成果获山东省社会科学优秀成果奖、刘勰文艺评论奖、齐鲁文学奖、泰山文艺奖、山东省高校优秀科研成果奖等。

工作心得

我认为在我所从事的教学科研工作中，最重要的是认真负责的态度。只有认真的态度和强烈的责任心才能做好工作。在教学工作中，不但要传授给学生专业知识，更应该注意培养学生分析问题和解决问题的能力，只有这样才能使学生的整体水平有所提高。

唐子恒

个人简介

唐子恒，男，1954年11月生，山东文登人，山东大学文学院教授，博士生导师，曾任文学院副院长。1982年山东大学中文系本科毕业；1984年山东大学中文系硕士毕业；2002年山东大学文学与新闻传播学院博士毕业，师承殷孟伦教授、葛本仪教授、钱曾怡教授等本系多位老师。研究方向为汉语词汇学。曾为本科生开设古代汉语、《马氏文通》导读等课程，为研究生开设语言研究方法论、汉语词汇学等课程。承担国家社科基金项目“现代汉语典故词语构成理据及词义演变研究”。著有《〈马氏文通〉研究》《文言语法结构通论》《汉语典故词语散论》，发表论文《略谈典故成语意义的变化趋势》等。

工作心得

实事求是，脚踏实地，力戒浮躁，是做好工作的关键。

孙之梅

个人简介

孙之梅，女，1955年9月生，山西太原人，文学博士，现任山东大学文学院教授，博士生导师，曾任山东大学文学院中国古代文学研究所所长，兼任南社与柳亚子研究会会长、中国近代文学学会副会长、山东省近代文学学会会长。1982年内蒙古师范大学本科毕业；1987年山东大学中文系硕士毕业；2000年山东大学文学院博士毕业，先后师从袁世硕、郭延礼二位先生学习中国古代文学与近代文学。毕业后致力于元明清、近代文学的教学与研究工作。先后出版《钱谦益与明末清初文学》《南社研究》《明清学术与文学》《元明清文学史》《明清文学精神》《钱谦益诗选》等学术著作，主编教育部“马克思主义理论研究和建设工程”重点教材《中国古代文学史》(晚清文学卷)，参与撰写全国高校教材《中国文学史》《中国古代文学作品选》等。在《文学评论》《文艺研究》《文学遗产》《佛学研究》《文史哲》等学术刊物发表论文百余篇。先后承担国家社科基金一般项目、教育部社科项目数项，目前承担国家社科基金重大招标项目“南社文献集成与研究”。

工作心得

子曰："古之学者为己，今之学者为人。"勤勉治学，力求发现与开拓；辨章考镜，偏务钩玄而略迹。"为己"之境虽不能尽达，然心向往之；"为人"之苟且虽难免俗，惟恶趋之鹜之。

谭好哲

个人简介

谭好哲，男，1955年12月生，山东栖霞人，现任山东大学文艺美学研究中心主任，山东大学杰出人才体系特聘教授。曾任山东大学文学院院长、研究生院副院长、山东省作家协会副主席。1982年1月于山东大学中文系汉语言文学专业本科毕业后留校工作至今。1987年6月山东大学中文系在职研究生毕业，师从狄其骢先生，研究方向为文艺理论。2001年12月于山东大学文学与新闻传播学院获文学博士学位，师从曾繁仁先生，研究方向为文艺理论。2019年为本科生开设10种经典通读课程，为博士研究生开设美学文艺学基础理论课程。长期从事文艺学、美学的教学与科研工作。专著《文艺与意识形态》等学术成果先后获得教育部第三届、第七届高校人文社科研究优秀成果奖二、三等奖各1项，获得山东省社会科学优秀成果奖一等奖5项和山东省泰山文艺奖艺术理论研究类一等奖1项。现承担国家社科基金特别委托项目“中华传统文化的创造性转化与创新性发展”、国家社科基金艺术学重点项目“网络文艺发展研究”、教育部人文社科重点研究基地重大项目“马克思主义文艺理论与中国当代文艺价值观建构研究”。享受国务院政府特殊津贴专家，获评山东省有突出贡献中青年专家、山东省首届优秀研究生指导教师、首批齐鲁文化名家等。2018年入选山东省社会科学名家，同年还获“山东大学优秀教师”和“我心目中的好导师”等荣誉称号。

工作心得

一个好老师的人生要追求与践行“三心”，即以诚心处世立身，以爱心教书育人，以恒心治学求道。做人，要真诚实在，以善意、诚心对生活、对他人；为师，要以大爱之心教书育人，把学生当成自己的孩子来教；治学，要守持一个“恒”字，孜孜以求，永不懈怠。

龚鹏程

个人简介

龚鹏程，男，1956 年 3 月生于台北，江西吉安人，当代著名学者和思想家。毕业于台湾师范大学国文研究所，历任台湾淡江大学文学院院长，台湾南华大学、佛光大学创校校长，美国欧亚大学校长，北京师范大学特聘教授、北京大学特聘教授等。2019 年 4 月起任山东大学文学院讲席教授，致力于中国学术文化研究，兼通儒释道，博涉东西方，著述宏富，出版专著《中国传统文化十五讲》《中国诗歌史论》《中国文学批评史》《书艺丛谈》《龚鹏程述学》等 100 余种。曾获台湾中山文艺奖、朱自清散文奖、凤凰卫视“世界华人名家”称号、中国商报社“非遗传承创新功勋模范人物”奖。

工作心得

诚心与毅力结合。

仪平策

个人简介

仪平策，男，1956年9月生，山东高密人，山东大学文学院教授。第九届民盟山东省委副主委。1984年山东大学中文系本科毕业，山东大学文学院硕士、博士毕业，先后师承周来祥、曾繁仁先生，主要研究方向为美学、文艺美学、中国美学史、审美文化学。1987年起任教文学院，现承担博士生美学基础理论、中国审美文化研究的课程教学工作。先后承担国家社科基金项目“中国审美文化民族性的现代人类学研究”、教育部人文社科重点研究基地重大项目“‘阴阳两仪’思维与中国审美文化”等。出版专著《中国审美文化民族性的现代人类学研究》《中国美学文化阐释》《中古审美文化通论》等，主编《文艺美学的学科定位和发展趋势研究》《“阴阳两仪”思维与中国审美文化》。在《文学评论》《文艺研究》《社会科学辑刊》《中国文化研究》《学术月刊》《文史哲》等核心期刊发表学术论文110余篇，其中19篇论文被中国人民大学复印报刊资料全文复印，多篇论文被《新华文摘》《光明日报》

《文摘报》等转摘、介绍。先后获教育部高校人文社科研究优秀成果奖一等奖、山东省社会科学优秀成果奖一等奖，另获国家级、省级及校级社科优秀成果二、三等奖10余项。

工作心得

最重要的工作态度：热爱事业，尊重学术，唯真求善，勤学敏思。

最主要的体会：一是为人高于为学；二是做事务必认真；三是学问秉信执着；四是心态保持和乐。

张树铮

个人简介

张树铮，男，1956 年 11 月生，山东寿光人，现任山东大学文学院教授，博士生导师，山东大学汉语方言研究中心主任。山东大学中文系 1977 级本科生，1981 级硕士研究生（导师殷焕先教授），1984 年底毕业后留校任教至今。1999 年晋升教授，2002 年获得博士学位（导师钱曾怡教授）并获得博士生导师资格。兼任山东省语言学会会长、中国语言学会理事、中国语文现代化学会音韵学分会副会长、全国汉语方言学会学术委员。曾讲授过现代汉语、语言学概论、汉语方言与方言调查、语言与文化、音韵学、汉语史专题、汉语语音专题研究等课程。主要研究方向为汉语语音史、现代汉语方言、方言史、现代汉语语法、社会语言学等。作为负责人承担过国家社科基金项目 1 项，教育部后期资助项目 1 项，国家语委中国语言资源保护工程项目 6 项，中国语言资源有声数据库山东库建设项目（共 14 个点）。担任《中国语言资源集·山东卷》主编。独立出版著作《方言历史探索》《寿光方言志》《清代山东方言语音研究》《蒲松龄〈日用俗字〉注》《蒲松龄白话作品语言研究》等，主编《语言学概论》，合作出版《山东方言研究》《汉语官话方言研究》《山东方言词典》《艺术与语言的关系研究》等。在《中国语文》《方言》《语言文字应用》《古汉语研究》等学术期刊发表论文100余篇。1993年在首届山东大学青年教师教学比赛中获得一等奖，2012年视频公开课“汉语知识十讲”入选国家级精品视频公开课，2015年被评为山东省高校教学名师，2019年被评为山东大学荣聘教授。

工作心得

一曰“专心”。面对种种诱惑与压力，沉心于教学与研究，不愿亦不敢旁骛，自然能日积月累，在专业上不断前行。丝鳌犹能契石，驽马亦能致远，要在专一也。

二曰“用心”。心至则术精。读书用心，领悟方法与视野，并发现新问题；分析材料用心，或见微知著，或由细处揭橥线索；日常用心，把周边知识和社会语言生活与专业知识结合。只要用心，则万物皆可与我有关，皆可为我所用。

惜乎知易行难。唯自勉而已。

赵生群

个人简介

赵生群，男，1957年2月生，江苏宜兴人。文学博士，教授，博士生导师，国家有突出贡献专家。1982年1月毕业于南京师范学院中文系，留校任教至今；1995年晋升为教授；1997年起担任南京师范大学文学院文献与信息学系主任。现任中国历史文献研究会会长、中国史记研究会副会长、国际儒学研究会副会长、中华书局“二十四史”及《清史稿》修纂委员会委员。长期从事经学文献研究、史传文献研究、古典文献整理与研究。主持中华书局点校本“二十四史”及《清史稿》修订工程《史记》修订工作。在国内重要刊物上发表学术论文130多篇，主要著作有《太史公书研究》、《〈史记〉文献学丛稿》、《史记编纂学导论》、中华书局点校本《史记》修订本、《春秋经传研究》、《春秋左传新注》、《左传疑义新证》；主编专业著作10余部。学术成果先后获教育部高校人文社科研究优秀成果奖一等奖、江苏省哲学社会科学优秀成果奖一等奖、首届宋云彬古籍整理奖、首届全球华人国学大典“2013年度卓越传播奖”、全国优秀古籍图书奖、中国出版政府奖等重要奖项。被评为江苏省文明职工、南京师范大学“奕熙精英教师”。2019年被聘为山东大学文学院特聘教授，担任山东大学《史记》文献研究中心主任。招收硕士生、博士生。在山东大学为本科生和研究生开设中国古典文献学、校勘学、《史记》导读、《史记》研究等课程。

工作心得

业精于勤。

许维江

个人简介

许维江，男，1957年11月生，山东蓬莱人，曾在山东大学文学院负责实验室工作。1978年至1986年就职于山东大学物理系，1986年到山东大学文学院工作至退休。

工作心得

认真执行国家有关政策法规和学校相关的管理规定，以负责的态度严格管理实验室。文学院实验室为教学服务，为科研提供了良好的实验环境。目前实验室各项规章制度已基本建立健全。

刘晓多

个人简介

刘晓多，男，1958年3月生，山东潍坊人，山东大学文学院退休职工。曾任文学院图书馆主任一职，副研究馆员。山东大学历史文化学院硕士。研究方向为中国古代史，师承张熙惟教授。1978年至2018年在山东大学文学院工作，工作期间曾多次获得工作积极分子和工会先进分子。编辑整理《刘泮溪文集》。

工作心得

世间纵有万种风情，唯对书籍情有独钟，岁月交给了图书馆，从青春到暮年。再回首，读书未曾破万卷，摸书已抵万重山。图书馆不大，却典藏古今，容纳世界，芥子纳须弥，往来皆鸿儒。岗位平凡，但不平庸，培渊博之学识，养浩然之正气。此生与书打交道，乐此不疲，源于兴趣爱好；为师生服务，耐心热忱，执于职业精神。平淡安然是生活之真谛，爱好事业与共乃人生之幸事，四十载于山大文学院图书馆工作，与师生为伴，实感幸运与欣慰！

邹宗良

个人简介

邹宗良，男，1958年4月生，山东淄博人，山东大学文学院退休教授，兼任中国聊斋学会（筹）副会长。1982年山东大学中文系本科毕业，1988年、2015年同系硕士、博士毕业，师从袁世硕先生，主要研究方向为中国古代文学。1982年留校任教后，历任山东大学中文系助教、讲师，山东大学出版社副编审、编审，2004年起任山东大学文学与新闻传播学院教授、硕士生导师。承担本科生中国古代文学史、《聊斋志异》研究、《红楼梦》研究、《红楼梦》导读、明清小说选读和研究生中国古代小说戏曲研究、中国小说史、人文科学方法论等课程教学工作。承担2018年度山东大学人文社会科学重大研究项目“聊斋全集文献整理与研究”，2019年国家社科基金后期资助项目“蒲松龄年谱汇考”。在《文史哲》《文学遗产》《文献》《红楼梦研究》《蒲松龄研究》等刊物发表论文近百篇，主要著述有《蒲松龄研究丛稿》、《聊斋俚曲集》（校注）、《醒世姻缘传》（校注）等。

工作心得

学问是一种火尽薪传的事业。为什么做学问？为的是发现问题进而解决问题，使某项具体的研究不断深入、不断前进。在治学之路上，认真的态度可以避免前行中的疏漏，从而基础深厚；怀疑的精神可以使人独立思考，从而发现真理。做学问是一件孤独的事，真正进入了孤独之境，也就体会到了学问的真谛。

郑训佐

个人简介

郑训佐，男，1958年8月生，安徽天长人。1979年就读山东大学中文系，1983年毕业留校任教，历任讲师、副教授、教授。曾担任文学院副院长。先后为本科生开设秦汉魏晋南北朝文学史、魏晋诗史，为硕士研究生开设魏晋南北朝诗歌散文研究、两晋文学研究等课程。主要从事魏晋南北朝文学和书法学研究，著有《寂灭与再生》（合作）、《孟子译注》（第一作者）、《读中国》（第二卷）、《秦汉魏晋南北朝文学史》、《中国文学精神》（魏晋南北朝卷，第一作者）、《书法》、《篆刻》（主编之一）、《清代名人手札赏评》等20余种。在《新华文摘》《文史哲》《山东大学学报》《中国书法》《书法》《人民日报》《光明日报》《文艺报》《书法报》等报刊发表文章近百篇。主持国家社科基金项目和省社科重点项目3项。获泰山文艺奖一等奖1项，其他省部级奖励（含合作）6项。

工作心得

以宏观的文化视野观照文学史,以诗化的表述还原文学史。经世致用地介入当代书法批评，在介入中完成书法创作的传统与时代的对接。

于和芳

个人简介

于和芳，男，1958 年 11 月生，山东济南人，山东大学文学院退休职工。1979 年至文学院，先后从事办公室、资料室工作。

工作心得

坚持以服务为主。为老师们服务，为同学们服务。老师们满意、同学们认可是我工作最高的，也是唯一的标准。

廖　群

个人简介

廖群，女，1959 年 7 月生，湖南洪江人，生于山东济南。山东大学文学院教授，曾担任文学院副院长，兼任中国诗经学会副会长。1982 年山东大学中文系本科毕业；1987 年山东大学中文系中国古代文学专业硕士毕业；2004 年同院系博士毕业，师承董治安先生，研究方向为中国古代文学、先秦两汉文学。2019 年为本科生开设中国古代文学史与作品精读，为硕士研究生开设中国古代诗歌散文研究（先秦两汉）课程，为博士研究生开设先秦两汉文学多维研究课程。承担国家社科基金项目 2 项，全国高校古委会项目、山东省社科基金重点项目、国家社科基金后期资助项目各 1 项。学术成果丰硕，已出版包括《先秦两汉文学考古研究》《先秦说体文本研究》《〈诗经〉与中国文化》《中国审美文化史·先秦卷》《神话寻踪》《中国古代小说发生研究》等在内的专著 10 余部，主编《两汉乐府学术档案》《孔子文化大典·生平卷》等。在《文学评论》《文艺研究》《文学遗产》《文史哲》等刊物发表论文 100 余篇。曾获教育部高校人文社科研究优秀成果奖一等奖，山东省社会科学优秀成果奖特等奖、重大成果奖各 1 次，二等奖和三等奖各 2 次。

工作心得

以积极、乐观的态度，以宁静、平和的心境，踏踏实实、认认真真上好每一堂课，回答好每一次询问，写好每一部书和每一篇文章，相信只要辛勤耕耘，终会有所收获，不计较一时的得与失。

王新华

个人简介

王新华，男，1960 年 1 月生，山东临沂人。现任山东大学文学院教授，硕士生导师。1982 年曲阜师范大学本科毕业；山东大学中文系硕士、博士毕业，师承殷焕先先生、杨端志先生，研究方向为汉语音韵学。1984 年毕业留校任教至今，分别为本科生、研究生开设现代汉语、语言学概论、音韵学、《说文解字》与中国文化、社会语言学等课程。承担国家社科基金项目 1 项，教育部人文社科项目 1 项，独立出版专著《隐语研究》《避讳研究》。博士论文《唐五代敦煌语音研究》获山东大学优秀博士论文奖。

工作心得

读书、教书、写书，与书为伴。书隔绝了存在虚无，书贯穿了古往今来，书凝聚了痛苦与欢乐。从古音的清浊，听到了古人的一唱三叹；从学生专注的目光，看到了知识的熠熠生辉；从杂乱的书稿到整洁的文本，细细品味心血的流淌。苦也读书，乐也读书；悲也读书，喜也读书。“吾生也有涯，而知也无涯”，与书为伴，一生无悔。

刘进水

个人简介

刘进水，男，1961 年 3 月生，山东齐河人。1978 年在山东大学参加工作，2001 年山东大学文学与新闻传播学院本科毕业，2007 年硕士毕业。2015 年至今就职于文学院，曾在文学院办公室、研究生教务办公室、文学院继续教育办公室工作，职务正科级。现为文学院图书室馆员。2010 年、2012 年曾获山东大学研究生教育工作先进个人。

工作心得

本人自从 1978 年起已经工作 40 多年了，因工作需要，在文学院调换了几个部门，无论在学院哪个部门工作，都要踏实肯干、认真负责、勤奋学习、不怕吃苦、不畏困难。特别是研究生教务工作，面对研究生招生、复试、答辩等大量繁杂的工作，需要细心、耐心，不断学习新的知识，适应并解决工作中所遇到的各种问题。

谭镇乾

个人简介

谭镇乾，男，1961年10月生，山东济南人，文学院行政秘书，1990年进入文学院工作至今。

工作心得

认真履行岗位职责，工作积极认真，服务周到细致。尽职尽责，为教学、科研服务，为师生服务。在平凡的岗位上踏踏实实地工作。

傅礼军

个人简介

傅礼军，男，1962 年 7 月生，山东齐河人，加拿大籍，山东大学文学院教授。1982 年聊城大学本科毕业；1987 年南京大学中文系硕士毕业，师从王气中教授；1997 年加拿大多伦多大学东亚学系博士毕业，主修专业师从东亚学系 Milena Dolezelova 教授，副修专业师从比较文学中心 Lubomir Dolezel 教授。研究方向为中国小说和戏剧、叙事学、中西比较文学。2019 年为本科生讲授比较文学与世界文学原典导读课，为研究生开设人文科学方法论课，为留学生全英语讲授中国概况课。主要著作有《中国小说的谱系与历史重构》《状元弃妻：中国戏剧典范情节的叙事语义学》等。

工作心得

培养学生和研究学术，需要专心、持久的投入。

刘方政

个人简介

刘方政，男，1962年12月生，山东莱西人，山东大学文学院教授，博士生导师。1983年山东师范大学本科毕业；1986年山东大学中文系硕士毕业；2003年山东大学文学与新闻传播学院博士毕业，先后师从孟广来先生、解洪祥先生。研究方向为中国戏剧史和中国现代文学。2019年为本科生主讲中国现代话剧研究，为研究生开设中国现当代文学专题研究、中国现当代文学研究理论与方法、20世纪中国话剧与传统戏曲等课程。已出版的著作有《中国古代戏曲文学论要》、《田汉话剧创作论》、《中国现代话剧史论》、《20世纪中国学术论辩书系·戏剧卷》（下册），主编《山东高校话剧社团调查报告》等，并在《文学评论》《中国戏剧》《文史哲》《中国现代文学研究丛刊》《新文学史料》《鲁迅研究月刊》《光明日报》等报刊发表学术文章70余篇。

工作心得

真诚对待学生，严肃认真授课。

杨振兰

个人简介

杨振兰，女，1963 年 1 月生，江苏徐州人，山东大学文学院教授，博士生导师。1984 年山东大学中文系本科毕业，1987 年山东大学中文系硕士毕业，2001 年山东大学文学与新闻传播学院博士毕业，师承葛本仪教授，研究方向为汉语词汇学。为本科生开设现代汉语词汇专题等课程，为研究生开设语言理论专题、汉语研究、汉语词汇史、语义学等课程。承担国家级、省级社科基金项目，以及山东大学青年成长基金项目、文学院科研基金项目若干。独立出版学术专著《现代汉语词彩学》《动态词彩研究》等 4 部，发表学术论文几十篇。曾多次获得山东省社会科学优秀成果奖，博士论文获山东大学优秀博士论文奖。

工作心得

严格要求自己，注重提升自己，以努力向上的面貌面向学生；以负责任、担当、认真、敬业的理念面向学生；以友爱、呵护而又一丝不苟的态度面向学生，那么收获就会是满满当当的，一切就会是美好而灿烂的。

岳立静

个人简介

岳立静，女，1963年1月生，山东滨州人，山东大学文学院教授，博士生导师，汉语言文字教研室主任。北京语言大学语言学及应用语言学博士毕业，师承曹志耘教授。1984年山东大学中文系毕业留校执教至今，2006—2010年曾在北京师范大学外文学院从事博士后研究工作。先后为本科生开设现代汉语、现代汉语语法专题、汉语方言与方言调查等课程，为研究生开设汉语语法专题研究、汉语方言调查、现代汉语方言等课程。主要研究方向为汉语方言学、语法学。在《方言》《语言教学与研究》《语言科学》《古汉语研究》《语文研究》《文史哲》等学术刊物发表论文40余篇，参与编著《山东方言研究》《汉语官话方言研究》等多部著作。目前承担国家社科基金一般项目1项、教育部和国家语委中国语言资源保护工程专项课题2项。参与和独立完成的学术成果曾获教育部高校人文社科研究优秀成果奖二等奖1次，山东省社会科学优秀成果奖一等奖1次、三等奖2次。个人曾获2016年度“课堂教学效果优秀教师”称号、山东大学2017年度“我最喜爱的老师”荣誉称号。

工作心得

心乃意之先、行之基。无论面对工作还是生活，当秉持一颗“爱”之心、“真”之心。爱生活、爱岗位、爱学生、爱师友，做事认真、求真，做人真实、真诚，存良善、懂感恩、知敬畏，以爱心、真心体味工作的乐、生活的美、教书育人的甜，用心做好每一件事。

杜泽逊

个人简介

杜泽逊，男，1963 年 3 月生，山东滕州人。1985 年山东大学中文系本科毕业；1987 年该校古籍所研究生班毕业，留校工作；2003 年在职博士研究生毕业，获博士学位，师从董治安、王绍曾、霍旭东、徐传武、刘晓东诸先生。工作后任王绍曾先生助手，主要从事古籍目录学、版本学、校勘学、四库学和山东文献研究。现为山东大学讲席教授、山东大学文学院院长，山东大学儒学高等研究院中国古典文献学专业教授、博士生导师，兼任尼山学堂班主任。任教课程主要有文献学、目录版本研究、古籍整理方法与实践、清代目录版本学研究、《四库提要》导读、修身课等。曾担任《清史稿艺文志拾遗》副主编、《四库全书存目丛书》常务编委兼总编室主任、《山东文献集成》编纂处副主任。著有《四库存目标注》《文献学概要》《微湖山堂丛稿》《尚书注疏校议》等，主编《清人著述总目》《清史典籍志》等，发表学术论文 200 余篇。2012 年开始主持“十三经注疏汇校”重大项目，2018 年主持国家社科基金重大项目“《五经正义》汇校与研究”。2012 年入选教育部长江学者特聘教授，2014 年入选中宣部文化名家暨“四个一批”人才，2016 年入选国家“万人计划”哲学社会科学领军人才，2016 年获山东高校“十大师德标兵”称号。

工作心得

老老实实教书，认认真真研究，勤勤恳恳工作。

刘志业

个人简介

刘志业，男，1964年1月生，山东安丘人。文学院正处级辅导员，副教授职称。1985年山东大学物理系本科毕业，1998年山东大学国政学院硕士毕业，2010年山东大学政治学与公共管理学院博士毕业。1985年7月本科毕业后，留校担任物理系党总支组织干事、政治辅导员；1990年调至学校机关，任学校纪委、监察处科长；1992年调至学校党委组织部，担任主任科员；1994年调至山东大学外语学院担任院党委副书记、副院长；1998年调至学校党委学工部（学生处）担任副部长、副处长兼学校毕业生就业办主任；2000年合校后担任学校高等教育研究中心副主任、高等教育学专业硕士生指导教师；2017年任学校政策研究室副主任；2018年调至文学院工作至今。撰写多篇学术论文，出版多部专著，主持全国教育科学研究“十一五”规划项目及其他各类教育研究项目若干，并多次获得各种奖励。

工作心得

一、在高校从事教育工作，就要既教书又育人。既要做经师，更要做人师。忝为师者，应不负家长、学生和社会的期待。

二、每一个学生都有无限的发展可能，要关心每一个学生的成长，不让任何一个学生在成长的道路上掉队。

王祖哲

个人简介

王祖哲，男，1964 年 4 月生，山东威海人，山东大学文学院副教授。1985 年山东大学中文系本科毕业；2004 年山东大学文学与新闻传播学院博士毕业，师从陈炎教授，研究方向为艺术哲学、文艺美学、文化哲学。2019 年开设西方学术思想史、艺术哲学经典解读、文艺美学等课程。著作及译著有《艺术对非艺术》《艺术哲学——当代分析美学导论》《别逗了，费曼先生！》《神圣几何》《爱因斯坦的小提琴》《地球简史》《另类美国史》等 30 余部。

工作心得

第一，理解比知识重要。第二，何事可知，何事不可知，此事应该知道。第三，理解概念重要，措辞是另一回事。第四，权威常常犯错误，俗见可能大规模存在。第五，欣赏与质疑是同一种能力，不知道如何批评，就不知道如何支持。第六，人人多少有灵性，最坏的是陷入偏见而不自知。

孙丽华

个人简介

孙丽华，女，1964年7月生，山东临沂人，山东大学文学院副教授。1986年华东师范大学教育系本科毕业，1988年华东师范大学学校管理研究生班毕业，2004年获山东大学文学硕士学位。主要研究方向为语文教育。承担本科生传统文学修养、中文写作训练、对外汉语教学等课程的教学工作。目前正承担校级、院级教学科研项目“关于一流大学教师综合素质的实证研究”“《论语》中的心理学思想研究”“文学与美育”“中国古典文学丛书之《说呼全传》校注”等。在《中国大学教学》等期刊发表教学研究论文多篇；参撰、参编《心理健康研究与指导》等学术著作及教材多部。参研的“教育的三个面向”等课题获得院系级、校级一等奖，省级三等奖等；参录的“中华传统文学修养”网络精品资源共享课获国家级二等奖。

工作心得

寒来暑往，六十多个学期，似水流淌。逝者如斯未尝往，盈虚如彼莫消长。从教的魔力，不在于所谓的光辉形象，而在于以敏锐的眼光，发现年轻学子的天性，因势利导，使其生命之花得以充分绽放。 世上没有两片相同的叶子，尺有所短，寸有所长，故要因材施教，鼓励个性张扬。

小树林里鸟语花香、书声琅琅；知新课堂有头脑风暴、心灵碰撞。 青春学子如鲲鹏，今天在校园盘桓，来日在长空自由翱翔。园丁虽然辛苦，但有收获的希望，春雨滋润青苗，正是她的理想。引导学子增进身心健康，掌握知识技能，提升能力素养。先能修身自强，后可齐家兴邦。师生互动，切磋琢磨，教学相长；学无止境，气有浩然，为祖国富强。经师易做，人师难当，前辈的魅力人格，让人景仰，给后代子孙做出榜样。新时代也有新情况，还要在未垦土地上拓荒。既要薪火相传，更要科教融合，有所开创。每位教师奉献一点能量，和谐的团队可以奏出华丽乐章，祈愿投身的教育事业，鸢飞鱼跃，山高水长。

王同坤

个人简介

王同坤，男，1964 年 12 月生，山东莘县人，山东大学文学院副教授。1991 年山东大学中文系硕士毕业，1997 年复旦大学中文系博士毕业。主要研究方向为比较文学。承担本科生比较文学的理论与实践、《旧约》文学导读等课程的教学工作。主持山东省社科基金重点课题“中国文学资源的利用与当代影视艺术的发展”等多种科研项目。出版著作《观念的演进——二十世纪中国文学史观》（与魏崇新先生合著）、《中国现代文学研究史纲》（参撰）等多部，在《北京大学学报》《中国现代文学研究丛刊》《文艺理论研究》《鲁迅研究月刊》《中国比较文学》等刊物发表学术论文多篇。曾获刘勰文艺评论奖、山东省优秀学位论文指导教师等多项荣誉。

工作心得

蓦然回首，从初为人师到满头白发，自己已伴随三尺讲台度过了三十余个春秋。

作为教师，自己一直奉行“像关爱自己的孩子一样关爱学生”之原则，看着自己教过的本科生不断成长，看着自己指导的硕士生陆续获得攻读博士学位的机会，或陆续获得理想的工作职位，满头白发的遗憾，总是能化为深深的欣慰。

凌晨光

个人简介

凌晨光，男，1965 年 1 月生，浙江宁波人，山东大学文学院教授，现为文艺美学研究中心副主任、文艺理论教研室主任。1986 年山东大学中文系本科毕业；1989 年山东大学中文系文艺学专业硕士毕业，师从狄其骢先生；2007 年山东大学文学与新闻传播学院博士毕业，师从曾繁仁先生。研究方向主要为文艺理论、艺术批评。为本科生讲授文学概论、艺术鉴赏与评论等课程，为研究生讲授人文科学方法论、文艺批评学等课程。主持教育部人文社科重点研究基地重大项目、国家社科基金重大项目子课题等多项。出版《当代文学批评学》《人文博物馆·艺术卷》等专著，合著《文艺学新论》《文艺学通论》等教材，作为主要撰稿人参编“马克思主义理论研究和建设工程”教材《外国文学理论》。在《文学评论》《文艺理论研究》《读书》《江海学刊》《文艺争鸣》《天津社会科学》《山东社会科学》《人民日报》《中国社会科学报》《文汇读书周报》等报刊发表论文 70 余篇。其中多篇被《中国社会科学文摘》、中国人民大学复印报刊资料等全文复印或主体转载。《当代文学批评学》获得第三届刘勰文艺评论奖，《人文博物馆·艺术卷》获得第五届刘勰文艺评论奖。

工作心得

工作中间平心静气，培养兴趣、寻找情趣、创造意趣。

学术面前人人平等，不妄为人师，不自封导师，不盲从大师。

夏冬红

个人简介

夏冬红，男，1965年1月生，湖北石首人，山东大学文学院副教授。1988年兰州大学外语系本科毕业；1991年山东大学中文系文艺学专业硕士毕业，师从刘波先生；2000年山东大学文学院文艺学专业博士毕业，师从曾繁仁教授。研究方向为比较文学。为本科生主讲比较文学、西方学术思想史，为研究生开设翻译研究课程。2018年10月被评为山东大学教育拓展优秀个人，2019年4月被评为山东大学工会工作先进个人。

工作心得

我主要的兴趣是广泛阅读，虽然没做出较出色的成果，但自己对图书的热爱仍是由衷的。我属于那种只求耕耘，不问收获的人。述而少作，学术生涯多有缺憾，每每言及于此，徒生不甘与无奈。

我认为，教学与学术研究都要尊重事实，严肃认真。教学是面对学生，要讲真话，坚持真理。除了传授书本知识，还要尽量扩展学生的知识面，全面发展。就中文学科而言，学生尽量要打通文史哲，同时懂一门外语。

时代在变化，但是学术的追求不要赶时髦，要做点值得后辈学人尊重的学问，这才有意义。要保持知识人的淡泊名利，追求学术,葆有学术热忱,对传道授业的教员来说,是一大考验。

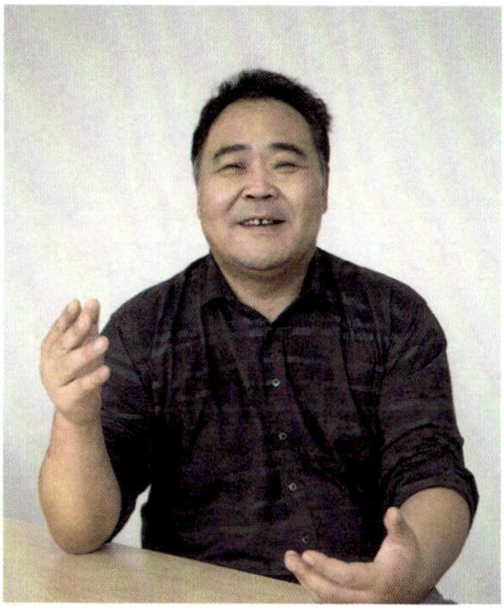

祁海文

个人简介

祁海文，男，1965年5月生，吉林榆树人，山东大学文学院教授。1988年四平师范学院（后更名为吉林师范大学）本科毕业，1991年山东大学硕士毕业，2000年山东大学文学院博士毕业。主要研究方向为中国文学批评史、中国美学。为本科生讲授中国文学批评史，为研究生讲授中国文学批评史、中国美学课程。承担课题有“中国古代‘中和’论美育思想研究”（教育部人文社科重点研究基地重大项目）、“乐记集注通释”（教育部规划基金后期资助项目）。担任《中国美育思想通史》副主编，撰写先秦卷和秦汉卷；著有《礼乐教化——先秦美育思想研究》《儒家乐教论》。

工作心得

在大学里当教师，一要教好书，二要做好学问。教学是根本，但最根本的是做人。无论教书还是为学，都力求做到以诚为本，尽力做好自己该做的、能做的事，不贪求，不妄从。

边家珍

个人简介

边家珍，男，1965 年 7 月生，河南杞县人，山东大学文学院教授，博士生导师，兼任中国诗经学会理事。1985 年河南大学中文系本科毕业；1988 年河南大学中文系硕士毕业，师从华锺彦先生；2003 年山东大学文学与新闻传播学院博士毕业，师从王洲明先生。2010 年至山东大学文学院工作，主要研究方向为先秦两汉文学。承担本科生课程中国古代文学史与作品精读，研究生课程先秦两汉文学前沿学术问题研究、老庄研究等教学工作。承担国家社科基金项目“经学与汉代散文研究”等，发表论文《〈庄子〉“卮言”考论》《“温柔敦厚”诗教观新论》等，出版著作《经学传统与中国古代学术文化形态》《汉代经学与文学》等，其中《经学传统与中国古代学术文化形态》获山东省社会科学优秀成果奖三等奖；《论庄子散文的愤世倾向及讽刺特色》（载《文学评论》2015 年第 3 期）获山东省社会科学优秀成果奖二等奖。

工作心得

古人有言：“大学之道，在明明德，在亲民，在止于至善。”这就启示我们不仅要做经师，更要做人师，通过专业知识的传授，尽可能全面提升学生的学习能力、思维能力、表达能力、审美能力、道德修养等。当然，教学相长，教学过程也是促使我们自我教育、自我提高、更新知识的过程。学无止境，教无止境。

金英淑

个人简介

金英淑，女，1965 年 8 月生，韩国首尔人，山东大学文学院教授。1988 年韩国梨花女子大学中文系本科毕业；1997 年北京师范大学古籍研究所硕士毕业，师从李修生教授；2002 年南京大学中文系博士毕业，师从吴新雷教授。研究方向为中国戏剧与比较戏剧学、东亚比较文学、翻译研究、电影研究、性别研究。2019 年为本科生讲授比较文学与世界文学原典导读课，为研究生开设东方文学与比较文学、女性主义与比较文学等课程。主要著作有《〈琵琶记〉版本流变研究》等，用中文、韩文、英文、西班牙文发表学术论文 30 多篇。

工作心得

对待学生要严格又宽容，做学问应严谨又扎实。

刘　林

个人简介

刘林，男，1965年10月生，山东济南人，山东大学文学院教授，比较文学与世界文学教研室主任。1988年山东大学中文系本科毕业；1999年山东大学文学院硕士毕业；2004年山东大学文学与新闻传播学院博士毕业，导师为谭好哲教授。主要研究方向为欧美文学、比较文学、比较诗学。2019年承担本科生比较文学与世界文学原典课系列导读，研究生欧美文学与比较文学课程的教学工作。在《外国文学研究》《外国文学评论》《新华文摘》《文史哲》等学术期刊上发表论文10余篇，《论〈好人难寻〉的“四重寓意”》发表于《山东社会科学》2019年第11期，《中国人民大学复印报刊资料·外国文学研究》2020年第2期全文转载。曾获2012年山东省高等学校优秀科研成果奖一、二等奖。

工作心得

子曰：“知之为知之，不知为不知，是知也。”

孙　奇

个人简介

孙奇，男，1965年12月生，山东枣庄人，山东大学文学院高级讲师。1986年山东师范大学本科毕业；1993年山东大学中文系硕士毕业，师承杨慧文教授，主要研究方向为唐代文学。承担本科生中国古代文学史、唐诗导读、杜诗精读的课程教学工作。发表《挚虞论赋》《萧涤非的学术道路和学术成就》等论文多篇，参编教材3种。

工作心得

“知之者不如好之者，好之者不如乐之者。”（《论语》）

“读书百遍，其义自见。”（晋·陈寿《三国志》）

沈 文

个人简介

沈文，女，1966年7月生，浙江嘉兴人，助理研究员。1986年7月参加工作，先后任山东大学文学与新闻传播学院组织人事秘书、党委委员；2012年1月任文学与新闻传播学院办公室主任、工会主席、院党委委员；2018年4月至今任山东大学文学院专职组织员、院工会主席兼办公室主任、院党委委员，主要从事党务、学院行政和学院工会等工作。曾多次获得山东大学优秀党务工作者、优秀共产党员、优秀教育工作者、校“三八红旗手”、工会积极分子、优秀校友工作者等荣誉称号。

工作心得

工作中最开心的是获得老师和同学们的理解与信任，无论什么工作，都以一种平和的心态去面对、去感受，那么工作就会带来快乐，我会用心去体会这种快乐。

工作格言：踏实做人，本分做事。

程相占

个人简介

程相占，男，1966年7月生，河南新野人，山东大学文学院教授，教育部长江学者特聘教授。现任文学院副院长、文艺美学研究中心副主任，兼任中华美学学会生态美学专业委员会主任、中国文艺理论学会常务理事。1989年郑州大学中文系本科毕业；1992年山东大学中文系硕士毕业，师从滕咸惠教授，专业方向为中国文学批评史；1995年山东大学中文系博士毕业，师从袁世硕教授，专业方向为中国文学史。1995年留校工作至今。主要研究方向为文艺美学、生态美学、中国美学等。承担本科生课程黑格尔美学导读，硕士研究生课程专业英语、中国美学专题研究等，博士研究生课程专业英语、环境美学专题等。研究领域包括中国美学、生态美学、环境美学、身体美学与生态批评。出版学术专著11部，包括《文心三角文艺美学——中国古代文心论的现代转化》《中国环境美学思想研究》《哈佛访学对话录》《生生美学论集——从文艺美学到生态美学》《生态美学与生态评估及规划》《生态美学引论》

《西方生态美学史》《环境美学概论》等；译著《身体意识与身体美学》《美学与环境：一个主题的多重变奏》；发表中外文学术文章130余篇（英语论文13篇）；8种成果被写入《斯坦福哲学百科全书》“环境美学”词条的参考文献。先后主持国家社科基金重点项目1项、青年项目1项、一般项目1项，参与国家社科基金重大项目3项并各承担1个子课题，主持教育部人文社科重点研究基地重大项目2项。

工作心得

我是一个态度决定论者。无论对待教学还是科研，都应该做到用全心、出全力、尽全责。任何人的能力和精力都是有限的，但是，态度可以是无限的。

徐在国

个人简介

徐在国，男，1966 年 9 月生，山东新泰人，山东大学文学院兼职特聘教授。1992 年吉林大学硕士毕业，师从吴振武、汤余惠老师；1997 年吉林大学博士毕业，师从吴振武老师。1992—1999 年在山东师范大学中文系任教，1999 年至今在安徽大学文学院任教，2019 年在山东大学文学院担任兼职特聘教授。研究方向主要为古文字学、出土文献等。为本科生讲授古代汉语、文字学基础等课程，为研究生讲授字形学、铜器铭文研究、出土文献导读等课程。现承担国家社科基金后期资助项目、教育部哲学社会科学研究重大委托项目、国家语委“甲骨文等古文字研究与应用专项”重大项目各 1 项。出版《战国文字字形表》、《安徽大学藏战国竹简》（一）等。独立获得安徽省社会科学优秀成果奖一等奖 1 项、二等奖 2 项、三等奖 1 项。

工作心得

老实做人，踏实做事。做人要忠厚诚实；做事要认真，要持之以恒。

刘　娟

个人简介

刘娟，女，1966年12月生，山东莱州人，山东大学文学院副教授。1988年、1991年山东大学中文系本科、硕士毕业，师从钱曾怡教授；2001年香港城市大学电子工程系博士毕业，师从王士元教授，研究方向主要为汉语方言、语言学及应用语言学。所授课程有语言学概论、实验语音学、专业英语等。承担山东省语言资源有声数据库项目、教育部中国语言资源保护工程项目、教育部中国方言文化典藏项目。出版专著《声调的发声与感知》，发表《调位感知界限再探》《试论声调和降调感知的不平衡性》等学术论文多篇。曾获国际中国语言学会第11届年会“青年语言学家”入围奖。

工作心得

行己有耻，处世唯实，以此铭座；敬业乐群，引以为训，并身体力行。

李桂奎

个人简介

李桂奎，男，1967年6月生，山东沂南人。1989年6月、1999年6月毕业于曲阜师范大学，分别获学士、硕士学位，其间在临沂师范学院工作。2005年6月毕业于复旦大学，获文学博士学位。同年入职上海财经大学。2012年任上海大学人文学院副院长，入选教育部“新世纪优秀人才支持计划”。2018年1月受聘为山东大学杰出青年学者。现为特聘教授、博士生导师，兼任中国聊斋学会（筹）副会长兼秘书长，中国叙事学学会理事，《儒林外史》学会（筹）常务理事等。现主要研究方向为元明清文学与文论。承担本科生中国文学史（元明清文学）和研究生元明清戏剧研究、中国戏曲小说研究等课程的教学工作。已完成国家社科基金一般项目、教育部人文社科重点研究基地重大项目各1项，正主持国家社科基金重大项目、重点项目各1项。已出版《中国小说写人研究》、《中国古代小说叙事三维论》（合著）、《元明小说叙事形态与物欲世态》等学术著作，并在《文学评论》《文艺研究》等刊物发

表 100 余篇学术论文。科研成果曾获上海市哲学社会科学优秀成果奖二等奖、山东省社会科学优秀成果奖三等奖。

工作心得

万物静观，怡然自得；四时佳兴，悠然心会。读书信守沉潜之道；教学坚持正心诚意；科研崇尚博采众长，守正出新。

王　江

个人简介

王江，男，1967年7月生，山东日照人，山东大学文学院高级讲师。1999年山东师范大学硕士毕业，师承王化学先生，主要研究方向为比较文学与世界文学、中外文学文化。现承担本科生课程中文写作训练和传统文学修养的教学工作，曾开设秘书学概论、现代汉语与科技写作、影视作品欣赏、世界文学览胜、文学名著与电影经典课程。参与传统文学修养课教学研究以及国家社科基金重大项目“当前社会文学生活调查研究”等科研课题。参译《德曼自选论文集》；参编《1901—1995诺贝尔文学奖得主全传》、《中国古代著名文学家略传》、《新编中华传统文学精要》、《古韵今声》（第二辑）；主编《古韵今声》（第一辑）等。在《人文述林》等学术刊物发表论文《劳伦斯小说神话化倾向成因探析》《弗洛伊德的“自由联想”和福克纳“内心独白”关系浅析》《劳伦斯小说中的人物原型》《〈战争与和平〉博爱思想新探》等。个人曾获山东省写作学会一等奖（本人独立）、山东大学教育创新与教学管理团队奖一等奖；学术成果获得国家级教学成果奖二等奖、山东省教学成果奖一等奖等。

工作心得

在所从事的教学和科研工作中，我认为适宜的工作态度是：研究学生需求，重视细节，体现思考。我教过四年高中，教了三年工科大学，又教了二十年综合大学，自忖课堂设计和讲授，一要考虑学生的需求、学生的兴趣点，这是课堂的动力；二要重视细节，这是课堂的血肉；三要重视思考，这是课堂的灵魂。

叶诚生

个人简介

叶诚生，男，1968 年 1 月生，山东泰安人，山东大学文学院教授。1989 年山东大学中文系本科毕业；1992 年华东师范大学硕士毕业，导师王铁仙教授；2001 年山东大学文学与新闻传播学院博士毕业，导师孔范今教授，研究方向为中国现当代文学。为本科生开设中国现代文学史等课程，为研究生开设人文科学方法论等课程。2008 年在美国加州大学洛杉矶分校担任访问学者。曾主持教育部留学基金委课题，参与国家社科基金重大项目和一般项目若干。专著有《鲁迅的诗歌艺术》《现代叙事与文学想象》，论文先后发表于《文学评论》《文史哲》《中国现代文学研究丛刊》等。曾获得山东省社会科学优秀成果奖二等奖。

工作心得

在校园里，我们常常是“听道者”与“传道者”。如果也能做一个“行道者”，也许更有意义吧。在“栽种”和“浇灌”之外，我们需要真正让人生长的力量。

刘永莉

个人简介

刘永莉，女，1968 年 1 月生，山东济南人，山东大学文学院副教授。1990 年山东大学中文系本科毕业，1995 年山东大学中文系硕士毕业，2004 年山东大学文学与新闻传播学院博士毕业。研究方向为中国现代文学。二十多年来从事本科生传统文学修养的教学工作。

工作心得

多少青春不再，多少情怀已更改，我还拥有你们的爱。

郭春英

个人简介

郭春英，女，1968年3月生，山东冠县人，山东大学文学院副教授。1990年山东师范大学文学院本科毕业；1998年华东师范大学文学院硕士毕业，导师为张弘教授，研究方向主要为西方现代派文学。1991年5月至1995年7月在山东教育学院中文系工作，1998年9月到山东大学文学院工作至今。承担“托马斯·阿奎那美学研究”等课题。曾参加教育部第十四届全国多媒体课件大赛，获一等奖。

工作心得

在我所从事的工作中，我认为最重要的工作态度是敬业、认真，坚持严于律己的工作信条，为了做好工作，必须尽可能地多读书，认真做研究，并致力于把所学所做教授给学生。

于海燕

个人简介

于海燕，女，1968 年 5 月生，山东济南人。1986 年就职于山东大学化学系，1998 年至今就职于山东大学文学院，担任本科教务管理职务，中级职称。曾经获得校教务工作先进个人、妇女工作先进个人、“三八红旗手”等称号。

工作心得

教务管理工作规范性较强，管理工作要有章可依、有规可循。加强协调沟通，调动各方积极性，保证教学各阶段任务顺利完成。

爱岗敬业，乐于奉献。牢固树立服务育人的意识和强烈的爱岗敬业、无私奉献的精神，在平凡的岗位上做出不平凡的贡献。

赵焕祯

个人简介

赵焕祯，男，1969年3月生，山东青岛人，山东大学文学院讲师。1991年曲阜师范大学中文系本科毕业；1996年曲阜师范大学中文系硕士毕业，师从魏绍馨教授，主要研究方向为中国现当代文学。2000年起在山东大学文学院工作，2019年为本科生讲授传统文学修养、中文写作训练课程。承担“关于高校国学课教学模式的革新与探索”课题。

工作心得

我认为教学工作不仅需要专业知识，更需要职业精神与工作热情。当代大学生视野广阔、思维活跃，有强烈的求知欲和进取精神，作为讲授人文学科的教师，需要引领学生树立正确的人生观、价值观、世界观，还有至关重要的是家国情怀和使命担当，这是青年人成人和成才的基石。作为老师，我努力当好学生成长路上的陪伴者和摆渡人。

黄发有

个人简介

黄发有，男，1969年10月生，福建上杭人，山东大学文学院教授，副院长，山东省作家协会主席。1990年杭州大学本科毕业；1996年曲阜师范大学硕士毕业；1999年复旦大学博士毕业，师从潘旭澜教授，研究方向为中国当代文学和文学传媒研究。2019年为本科生和研究生开设现代作家作品专题研究、当代文学批评与文学史研究、当代文学传媒研究等课程。主持国家社科基金重大项目“中国当代文学期刊发展史”及重点项目“新中国文学传媒史料综合研究与分类编纂”等。专著有《中国当代文学传媒研究》等。曾获鲁迅文学奖文学理论评论奖、山东省社会科学优秀成果奖一等奖。2007年入选“新世纪百千万人才工程”国家级人选，2019年入选山东省齐鲁文化名家，同年入选中宣部2019年文化名家暨“四个一批”人才工程。

工作心得

教书育人不仅是知识的传授，还是人格的熏陶和精神的传承。

李剑锋

个人简介

李剑锋，男，1970年3月生，山东沂水人，现任山东大学文学院教授，副院长。1992年烟台师范学院本科毕业，1995年山东大学中文系硕士毕业，1998年山东大学文学院博士毕业。先后师从马瑞芳先生、张可礼先生。研究方向为魏晋南北朝文学。1998年留校工作至今。2019年为本科生主讲中国古代文学秦汉魏晋南北朝部分，为研究生开设魏晋南北朝文学研究、陶渊明研究等课程。现承担国家社科基金一般项目、山东大学人文社科研究项目、文学院首批重大项目各1项。出版著作《陶渊明接受通史》《元前陶渊明接受史》《陶渊明及其诗文渊源研究》《唐前小说史料研究》等，发表论文100余篇。独立获得山东大学首届优秀博士论文奖、山东省社会科学优秀成果奖一等奖1次、三等奖5次。

工作心得

陶渊明称自己“勤靡余劳，心有常闲；乐天委分，以至百年”，以为此语可宝，虽不能至，而心向往之。对于日常打理的事业，每天都要尽力，持之以恒。无论如何，不能忘记自己从自然中来，从农村中来，自信有辛劳才有收获，但头顶上还有湛湛蓝天，脚底下有广袤的土地，生命里有春夏秋冬的美丽消息，要敬畏和感恩它们的存在。

李鲁宁

个人简介

李鲁宁，男，1970 年 7 月生，山东济宁人，山东大学文学院文艺理论教研室副教授。1992 年山东大学中文系本科毕业；1995 年山东大学中文系硕士毕业；1998 年山东大学文学院博士毕业，师从狄其骢、曾繁仁先生。研究方向主要为西方美学。为本科生、研究生讲授西方思想史、美学理论专题等课程。著有《加达默尔美学思想研究》等，译有《孟德斯鸠与卢梭》《表面与深度：批评与文化的辩证法》《超越艺术》等。

工作心得

丝毫进步，都要付出艰辛努力。

孙学堂

个人简介

孙学堂，男，1970 年 8 月生，山东邹平人，山东大学文学院教授，古代文学教研室主任。1992 年南开大学本科毕业；1997 年南开大学中文系硕士毕业；2000 年南开大学中文系博士毕业；先后师从张毅先生和罗宗强先生。2000 年就职于山东大学文学院古代文学教研室至今，研究方向为中国文学思想史，偏重唐宋及明代诗学思想研究。曾主讲本科课程中国古代文学史唐五代及宋元段，研究生课程明清诗学研究等。出版专著《崇古理念的淡退：王世贞与十六世纪文学思想》《明代诗学与唐诗》等。在《文学遗产》等刊物发表学术论文多篇。

工作心得

学生有所得，教师则有成就感。课堂要讲究趣味性，但不能迁就学生的趣味。我愿意探讨古代文学的许多问题，读书有得，求真求实，使研究对象的面貌越来越清晰，治学之乐莫大于此。

刘晓艺

个人简介

刘晓艺，女，1970 年 11 月生，山东济南人，山东大学文学院比较文学与世界文学研究所研究员。山东大学中文系本科毕业，师承鲍思陶先生、郑训佐先生；美国亚利桑那大学东亚系硕士及博士毕业，师承陶晋生、鲍家麟、David K. Schneider、Brian E. McKnight、吴疆诸学者。主要研究方向为诗歌翻译、明代小说中的物质史等。出版中文专著 5 部，中英双语专著 1 部，在美国出版译著 1 部，发表 CSSCI 及英文论文 12 篇，承担国家级外译项目 1 项，中宣部外译项目 1 项，山东省优势学科项目 1 项，获山东省社科优秀成果奖二等奖 1 项。

工作心得

山大中文薪火相传的学统值得珍视。我最感到骄傲的是，我曾在山东大学中文系度过本科岁月，现在又回到母校为原院系服务。先辈学者的治学风范、为人气度，他们渊源有自的学术兴趣和写作取向，都应由我辈绍述赓继。

李开军

个人简介

李开军，男，1971年7月生，山东汶上人，山东大学文学院教授。1995年山东大学中文系本科毕业；1998年山东大学文学院硕士毕业；2001年山东大学文学与新闻传播学院博士毕业，师承郭延礼先生，研究方向为中国近代文学。2001年7月起任教于山东大学，2007年晋升副教授，2013年晋升教授。承担本科生近代文学作品精读，研究生中国近代文学批评史、近代报刊与文学等课程。曾有约10年时间对晚清报刊史潜心钻研。承担过国家社科基金后期资助项目“陈三立先生年谱长编”“陈三立与近代中国”，教育部人文社科后期资助项目“梁启超与中国文学的转变”，文学院资助项目“陈三立诗歌笺注”等。发表《陈三立早期诗歌写作与晚清湘鄂诗坛》《故国与新邦》等论文，出版《中国记者历史专题研究》《陈三立年谱长编》等专著，整理出版了《散原精舍诗文集》、《散原精舍诗文集补编》（合编）等。

工作心得

教师工作无非教学和科研，这两个方面又相辅相成。讲课时，须是自己研究的领域，且备课充分，才能讲得自由挥洒，又有学术深度，有时还能推进自己的思考；研究工作，比较认同古人“为己”之说，同时也向现实的考评作出让步。我的选择是：书多读点儿，文少写点儿，但要写得像样点儿。

程鸿彬

个人简介

程鸿彬，男，1971 年 12 月生，湖北襄阳人，山东大学文学院副教授。1995 年湖北大学本科毕业；2003 年中国人民大学硕士毕业；2009 年北京大学博士毕业，师从温儒敏先生，研究方向为中国现代文学。为本科生开设中国现代文学、中国左翼文学研究、20 世纪中国文学与电影课程。2006 年以来在《中国现代文学丛刊》《新文学史料》《鲁迅研究月刊》《东岳论丛》等学术期刊上发表论文 10 余篇。

工作心得

任教山大以来，深感教书不易，为学不易，始知“学然后知不足，教然后知困”“教学相长”之类古语所言不虚。“困”与“不足”促人反躬自省，继而自新自强。人文之学归根结底乃是人生之学。博览精研，探幽穷赜，固为治学之途，但仍须融会贯通，知行合一，方能由“器”入“道”，化“用”为“体”。

黄丽珍

个人简介

黄丽珍，女，1972 年 2 月出生，河南郾城人，山东大学文学院讲师。1995 年山东大学中文系本科毕业；1998 年山东大学文学院硕士毕业；2001 年山东大学文学与新闻传播学院博士毕业，师从郭延礼先生，主要研究方向为近代文学。2019 年为本科生主讲中国古代文学史与作品精读（1）、《红楼梦》导读、中国近代翻译文学等课程。在《明清小说研究》《山东社会科学》《山东大学学报》等发表论文多篇，参与编著学术作品多部。参与国家社科基金项目“20 世纪中国近代文学研究学术史”，其成果《20 世纪中国近代文学研究学术史》获 2006 年山东省社会科学优秀成果奖一等奖。

工作心得

“是故学然后知不足，教然后知困。知不足，然后能自反也；知困，然后能自强也。故曰：教学相长也。”（《礼记·学记》）于教中学，于学中教，乐在其中矣。

栾　妮

个人简介

栾妮，女，1972年3月生，山东烟台人，山东大学文学院大学语文研究所讲师。1998年山东师范大学中文系硕士毕业，专业为现代汉语；2009年山东大学文学与新闻传播学院博士毕业，专业为古代汉语。2011年3月至2012年3月，以教育部公派访问学者身份就读于巴黎东方语言文化学院。研究成果主要集中于对外汉语教学、《红楼梦》词汇研究等。1998年，任教于山东工业大学社科系，2000年起任教于山东大学文学院至今。先后为本科生主讲对外汉语、传统文学修养、写作等课程。

工作心得

教师和学生的相遇，就好比“你我相逢在黑夜的海上，你有你的，我有我的，方向”（徐志摩《偶然》），但教师与学生的师生之缘又不应该只像面对面的两艘航船，仅仅因为时间的契合偶然相遇，轰隆隆地擦肩而过之后，什么都没有在彼此的心上留下。我珍惜每一段跟学生的师生之缘，我希望当我来到学生面前的时候，我能因为自己的专业和敬业呈现给学生最好的状态。我以“学高为师，身正为范”作为自己的职业追求，我希望我的一言一行，都在学生的心灵留下美好的印记。

吕玉华

个人简介

吕玉华，女，1973年11月生，山东单县人，山东大学文学院副教授。1995年山东大学中文系本科毕业；1998年山东大学文学院硕士毕业，师从滕咸惠先生；2001年复旦大学中文系博士毕业，师从蒋凡先生。2001年至2005年任中华书局副编审，2006年至2010年于中国社会科学院文学所博士后流动站参与科研工作，2005年12月起任教于山东大学。研究方向为中国文学批评史、隋唐五代文学。承担本科生唐传奇研究、唐诗与唐代文化、唐诗导读和研究生中国古代小说戏曲研究（唐宋段）等课程的教学工作。参与国家社科基金重大项目“中华思想文化术语的整理、传播与数据库建设”。发表论文《依诗立论——被选定的“意境”》《〈丹阳集〉考辨》《李白在单父——兼及李白、杜甫、高适同游梁宋及贾至任单父尉时间》等，出版学术专著《中国古代小说理论发展研究》、《元曲三百首》（选评注）、《唐宋传奇选》（选注）等。

工作心得

认真备课，踏实读文献。

尤战生

个人简介

尤战生，男，1973 年 11 月生，山东临沂人，山东大学文学院副教授。1995 年山东大学中文系本科毕业，1998 年山东大学文学院硕士毕业，2001 年山东大学文学与新闻传播学院博士毕业。硕士、博士师从谭好哲先生。研究方向为文学理论、文艺美学、西方美学史、西方现代美学。为本科生开设西方学术思想史、西方现代美学、朱光潜文艺论著导读等课程，为研究生开设西方古典美学专题、西方现代美学专题等课程。目前独立主持国家社科基金项目 1 项、山东省社科规划项目 1 项、山东大学文学院院立科研项目 1 项，主要学术成果集中于西方马克思主义美学与文论方面。曾获山东大学优秀博士学位论文奖、刘勰文艺评论奖、山东省文化艺术科学优秀成果奖三等奖、山东省社会科学优秀成果奖三等奖、山东省社会科学学科新秀奖。

工作心得

朱光潜先生认为，过一世好生活好比做一篇好文章，二者都应当是既丰富又完整的，二者都需要严肃认真的态度，也需要至性深情。朱先生所言的人生理想和学术理想，虽难以至，仍心向往之。

从新强

个人简介

从新强，男，1974年10月生，山东临朐人，山东大学文学院教授、博士生导师，现当代文学教研室主任，山东大学莫言与国际文学艺术研究中心主任。中国社会科学院文学所博士后，兼任山东省当代文学研究会副会长兼秘书长，山东省莫言研究会副会长等。1997年烟台师范大学本科毕业；2000年山东大学文学院硕士毕业；2003年山东大学文学与新闻传播学院博士毕业，师从牛运清先生，主要研究方向为中国当代文学。被评为山东省首批签约文艺评论家、山东省作家协会张炜工作室特聘专家等。讲授本科生课程中国当代文学史、莫言等当代作家作品精读和研究生课程人文科学方法论、当代中国文学与世界宗教文化。在海内外学术期刊发表以宗教与文学关系和莫言研究为代表的系列学术论文，出版专著《基督教文化与中国当代文学》《当代中国文学的宗教维度》《莫言长篇小说研究》《新时期文学视野中的"新生代"小说与文化延伸》等，主编《全球对话主义与人文科学的未来》，并担任《莫言研究三十年》（三卷本）执行主编。承担"新时期以来的中国文学与世界宗教关系研究”“莫言创作的主体意识研究”等省部级项目和国家社科基金重大招标项目“世界性与本土性交汇：莫言文学道路与中国文学的变革研究”子课题。学术成果获刘勰文艺评论奖、泰山文艺奖（文学创作奖）等。

工作心得

做老师的最应该感谢的是学生，正是学生的倾听才成全了老师的表达。要对得起学生，对待学生一视同仁，言传身教，对待科研实事求是，积极进取。与人为善，努力做一个好老师。

张　帅

个人简介

张帅，男，1975年2月生，山东肥城人。山东大学文学院党委书记，副研究员职称。1997年山东大学法学院本科毕业，2004年山东大学法学院硕士毕业，2010年山东大学政治学与公共管理学院博士毕业。1997年7月至1999年9月任山东大学哲学系辅导员，1999年10月至2007年12月任山东大学研究生院招生办公室副主任科员、主任科员，2008年1月至今担任山东大学文学院党委副书记、书记。

工作心得

百廿山大，文史见长。中文学科是山大的代表性学科，文学院是山大的五星级学院，从“三十而立”到“四十不惑”，我为自己能在文学院工作感到自豪和光荣，同时也深感自己身上的责任和使命。我坚信，只要我们牢固树立底线思维和战略思维，坚持“三个有利于”的工作标准，弘扬“重情义、尚风骨、尊学术”的学院传统，一代接着一代干，我们就一定能实现山大中文的再次辉煌。

徐爱梅

个人简介

徐爱梅，女，1975 年 2 月生，山东单县人。山东大学文学院副教授。1996 年曲阜师范大学本科毕业；1999 年曲阜师范大学硕士毕业；2007 年获得山东大学文学博士学位，师从徐振贵先生，研究方向为宋元明清文学。2012 年山东大学历史学院中国史博士后出站，合作导师是王育济先生，研究方向为明清史。2010 年至 2011 年在挪威卑尔根大学孔子学院讲授对外汉语课程。2014 至 2015 年在加拿大西安大略大学东亚系访学。长期讲授大学公共必修课、通识核心课“传统文学修养”，并获山东大学教学成果奖二等奖。出版专著《孔尚任与〈桃花扇〉新论》，主编《大学实用语文》教材。现承担山东大学青年团队项目子课题 1 项和教改项目 1 项。

工作心得

人生有涯，学无止境。

樊庆彦

个人简介

樊庆彦，男，1975 年 4 月生，山东鄄城人，山东大学文学院教授，中国古代文学专业博士生导师。1995 年曲阜师范大学中文系本科毕业，2005 年山东大学文学与新闻传播学院硕士毕业，2008 年山东大学文学与新闻传播学院博士毕业。先后师从孙之梅教授和王平教授。2008 年至 2010 年于复旦大学跟随合作导师黄霖教授完成博士后工作。主要研究方向为中国古代小说戏曲与宋元明清文学。为本科生、研究生讲授古代文学史（宋元、明清）、明清经典小说解读等课程。兼任中国李清照辛弃疾学会常务理事兼秘书长、中国聊斋学会（筹）常务理事兼副秘书长、山东省水浒研究会副会长兼秘书长等。主持完成或在研国家及省部级课题 6 项；在核心期刊发表学术论文 50 余篇；出版学术著作《苏诗评点资料汇编》《苏轼诗文评点研究》；参编国家级教材《中国文学史》；校注整理《今世说》《西游记》《绿牡丹》等。曾获得山东省社会科学优秀成果奖二、三等奖，山东省高等学校人文社会科学优秀成果奖

二、三等奖，华东地区优秀哲学社会科学图书一等奖和北方十五省、市、自治区哲学社会科学优秀图书奖。

工作心得

科研不仅要有理论价值和学术价值，还要有现实价值和社会价值。古代文学研究还要承担文化普及的任务，和教学是相辅相成的。科研上要保持自己的兴趣和热情，在一个领域沉得住气、耐得住寂寞；教学上传道授业，讲究上下贯通、左右勾连、前后比较，探究不同时代的文化思潮，发挥古典文化的现代价值。

杨海燕

个人简介

杨海燕，女，1975年8月生，山东郓城人，山东大学文学院副教授，现任大学语文研究所主任。1997年曲阜师范大学本科毕业，2000年曲阜师范大学硕士毕业，2011年山东大学博士毕业。研究方向为文学教育、中国现当代文学。为本科生主讲传统文学修养、中文写作训练等课程。主持山东省社科规划项目1项，主持及参与教育部课题项目2项，发表论文多篇。团队课程“传统文学修养”于2005年获得国家级教学成果二等奖，2006年被评为国家精品课程。

工作心得

像河流一样，感恩每一滴雨、每一片雪花、每一条溪流，去滋养每一株花草、每一棵树、每一片原野。

马　兵

个人简介

马兵，男，1976年8月生，山东邹城人，山东大学文学院教授，现任文学院副院长。1998年山东大学文学院本科毕业；2001年山东大学文学与新闻传播学院硕士毕业；2007年山东大学文学与新闻传播学院博士毕业，导师为孔范今教授，主要研究方向为20世纪文学史观、新世纪文学。为本科生讲授20世纪40年代中国文学研究、现代文学等课程，为研究生讲授人文科学方法论、当代文学热点等课程。承担国家社科基金项目和教育部社科基金项目各1项。出版专著《通向"异"的行旅》《伦理嬗变与文学表达》等，在《文学评论》《中国现代文学研究丛刊》《人民日报》等发表论文多篇。曾获山东省社会科学优秀成果奖二等奖、泰山文艺奖、刘勰文艺评论奖等。

工作心得

我的老家是孟子诞生地。很小的时候，父亲就教我读《孟子》，读到《尽心上》，他对其中几句的叮嘱是很勤的，如“仰不愧于天，俯不怍于人”“士穷不失义，达不离道”，还有一句是“仁言，不如仁声之入人深也”。工作之后，我深刻领会到，这些话是做人的道理，也是工作应有的态度。

胡友峰

个人简介

胡友峰，男，1977年3月生，安徽金寨人，山东大学文学院教授、博士生导师，文艺美学研究中心副主任。2003年安徽大学美学专业硕士毕业；2007年浙江大学文艺学专业博士毕业，导师为李咏吟教授，研究方向为文艺美学。为本科生开设西方文论史等课程，为研究生开设媒介文艺学、康德美学等课程。在《文学评论》等刊物发表论文90余篇，出版专著《媒介生态与当代文学》《诗美之辨——中国当代美学与诗学研究反思》《康德美学的自然与自由观念》等。承担2018年国家社科基金重大项目"生态美学的中国话语形态研究"，2013年国家社科基金重点项目"百年中国文学与媒介的互动共生关系研究"等省部级以上科研项目15项。入选山东省泰山学者特聘专家、国家"万人计划"青年拔尖人才。

工作心得

第一，把培养学生作为自己的中心工作，教育学生、服务学生、关心学生，让学生健康成长、成才；第二，重视人文精神的熏陶，在教学和科研工作中重视提升自己的人文素养；第三，反思自身，努力提升自身能力，聚焦学校的重大战略，为学校发展做出贡献。

付昌玲

个人简介

付昌玲，女，1977年3月生，安徽东至人，现任山东大学比较文学与世界文学研究所副研究员，主讲文学院研究生课程专业外语，本科生课程欧美文学经典作品解读。2017年毕业于上海外国语大学，获文学博士学位，主要研究方向为欧美文学与西方文论。近年来，在《浙江大学学报》《文艺争鸣》《小说评论》《当代文坛》《山东师范大学学报》《西南民族大学学报》《西北师大学报》《江西社会科学》《宁夏社会科学》《湘潭大学学报》《浙江工商大学学报》等CSSCI来源期刊上发表文章10余篇；参与国家社科基金项目“电子媒介时代文学变革与文论话语转型研究”（10CZW004）、国家社科基金重点项目“百年中国文学与媒介的互动共生关系研究”（13ZWA002），均为第一参与人，项目已经结题；此外，还以第一参与人身份参与国家社科基金重点项目“百年中国文学传播史的书写问题研究”（18AZD032）。目前，承担国家社科基金项目“西方文学文本理论知识增长的历史与逻辑研究”（19BZW022）。

工作心得

作为老师，首先要有对教学的热情。要做到课前充分备课，课后进行总结，要热爱教学，不断改进自己的教授技巧。其次，要有耐心。老师要耐心给学生答疑释惑，倾听他们的心声，不断改进自己的工作。再次，要热爱学生，要从生活和学习方面及时帮助和关心他们，及时疏导他们的情绪，让学生健康成长。最后，为人师表很重，教师要德才兼备，在生活和科研方面为学生树立好的榜样，这样才能给学生留下良好的印象。

吉　颙

个人简介

吉颙，女，1977年10月生，山东济南人，山东大学文学院科研秘书，讲师。2001年山东大学文学与新闻传播学院本科毕业，2004年7月山东大学文史哲研究院研究生毕业，毕业后留校工作，分配至土建与水利学院，曾任辅导员、学院团委书记、学工办主任、党委秘书。2018年7月调至山东大学文学院工作。承担学校通识课大学生心理健康教育、古建筑中的中国传统文化、形势与政策等。曾获得山东大学招生拓展十周年贡献奖、山东大学工会工作先进个人、山东大学学生工作先进个人。

工作心得

工作十六年来，常怀敬畏之心，无论是做学生工作、党的基层工作还是现在的科研服务工作，在每一个工作岗位上都做到真心、用心，踏实做事，无愧于心。

高新华

个人简介

高新华，男，1977 年 10 月生，山东邹平人，山东大学文学院副教授。2000 年北京大学本科毕业；2006 年北京大学硕士毕业；2010 年北京大学博士毕业，导师分别为于迎春教授、傅刚教授。2010 年 9 月进入山东大学文学与新闻传播学院古代文学研究所工作，研究方向为先秦两汉文学。2019 年为本科生主讲中国古代文学史与作品精读（2）、《史记》三家注导读，为研究生开设中国古代小说戏曲研究、《汉书艺文志》精读等课程。承担国家社科基金项目、山东省社科规划项目、第 51 批中国博士后科学基金面上资助、山东省博士后创新项目二等资助和山东大学文学院重点项目各 1 项，山东大学人文社科青年团队项目 2 项，此外，参与“马克思主义理论研究和建设工程”重点教材项目《中国文学史》（首席专家：袁世硕）的部分编写工作。在《中国音乐学》《文史哲》等重要期刊发表文章 10 余篇。

工作心得

“学生的事，永远是最重要的事”，这是我对自己的要求。认真对待每一堂课，努力把自己的读书心得、治学方法传授给学生，把“为己之学”的态度、不屈不移的浩然正气传递下去，是我作为一名普通教师的最大心愿。

在科研上，我秉持实事求是、不为空言的态度，不趋时、不媚俗，追求“兴之所至，心之所安”的境界。子曰：“君子之于天下也，无适也，无莫也，义之与比。”孔子的境界，虽不能至，心向往之。

张洪刚

个人简介

张洪刚，男，1978 年 3 月生，山东济南人。2006 年 12 月到山东大学外国语学院工作，2017 年 7 月到文学院任研究生教务秘书，中级职称。业余从事校史研究，发表论文多篇，2017 年 9 月出版专著《梁实秋在山大》。2019 年 5 月荣获山东大学研究生招生工作先进个人。

工作心得

研究生教务主要协助学院领导做好研究生招生录取、培养、学位申请、学籍管理和研究生及导师的各种学术活动的申报等。目前，本人独立承担学院 500 余名全日制研究生和 100 余名同等学力研究生的教学管理和服务工作。国家对研究生政策的不断调整和对研究生教育的不断改革，都对研究生教育管理提出了更高的要求。研究生教务管理工作琐碎繁重，从学校研究生院布置工作任务开始，到传达到相关导师与学生，再到具体落实到位，教务管理起到了非常重要的桥梁纽带作用，这份工作具有时间性强、原则性强和零错误率的特点，因此责任重大。

刘占召

个人简介

刘占召，男，1978年6月生，山东临沂人，山东大学文学院副教授。2000年烟台大学本科毕业；2004年北京大学中文系硕士毕业；2008年北京大学中文系博士毕业，指导教师为钱志熙教授、孟二冬教授、葛晓音教授，研究方向为魏晋隋唐文学。为本科生讲授汉魏六朝文学史、唐代文学史，为研究生讲授唐代诗学研究、唐宋散文研究等课程。曾任教于东南大学人文学院，2019年2月起进入山大文学院工作。主持国家社科基金青年项目“《史通》文献整理及其批评史研究”，结项等级为良好；主持并完成教育部人文社科研究青年基金项目“门第才学之争与中唐文学”。出版《王羲之与魏晋琅琊王氏》《〈史通〉评注》等。

工作心得

《典论·论文》：“古人贱尺璧而重寸阴，惧乎时之过已。而人多不强力，贫贱则慑于饥寒，富贵则流于逸乐，遂营目前之务，而遗千载之功。日月逝于上，体貌衰于下，忽然与万物迁化，斯志士之大痛也！”

张燕芬

个人简介

张燕芬，女，1978 年 8 月生，广东揭阳人，山东大学文学院副教授。2002 年华南师范大学本科毕业；2006 年广西师范大学硕士毕业；2009 年山东大学文学与新闻传播学院博士毕业，师从钱曾怡教授，主要研究方向为汉语方言学、语言与文化。承担本科生现代汉语、方言与文化和研究生汉语语言专著选读等课程的教学工作。承担中国语言资源保护工程专项任务“山东汉语方言调查”和山东语言资源有声数据库建设工程等科研项目。出版专著《揭阳方言民俗图典》《广西平乐闽方言研究》。在《中国语文》《方言》《语言研究》等刊物发表论文多篇。

工作心得

尽我所能，做到最好。

杨建刚

个人简介

杨建刚，男，1978年9月生，陕西三原人，山东大学文学院文艺美学研究中心教授，山东大学齐鲁青年学者。2001年陕西教育学院本科毕业；2006年陕西师范大学硕士毕业，导师为李西建教授；2010年南京大学博士毕业，导师为赵宪章教授。2009年作为联合培养博士生，在美国杜克大学学习，导师为刘康教授；山东大学文学院博士后，合作导师为曾繁仁教授。研究方向为文学理论和美学。为本科生开设文学概论等课程，为研究生开设文艺理论专题等课程。著作有《马克思主义与形式主义关系史》，译作有《马克思主义与美学》（合译）。在《文学评论》《文艺研究》《文艺理论研究》《文艺争鸣》等刊物发表论文30余篇，被人大复印报刊资料全文转载10余篇。主持国家社科基金青年项目“马克思主义与形式主义关系史研究”、国家社科基金一般项目“西方文论与中国当代文论范式转型研究”、山东省社科规划一般项目“当代文艺价值观的流变与问题”等课题。学术成果获江苏省优秀博士学位论文奖、第八届高等学校科研优秀成果奖（青年成果奖）、山东省社会科学优秀成果奖（三等奖 3 项）和山东省高校优秀科研成果奖（一等奖 1 项、二等奖 3 项）等。

工作心得

我始终坚持科研与教学并重、教学相长的理念，并把教学工作作为重中之重。多年的教学工作让我深深地体会到，集最优秀的青年而教之是一种幸福。

王　萌

个人简介

王萌，男，1979年1月生，山东淄博人，山东大学文学院党委副书记，副教授职称。2001年山东大学文学与新闻传播学院本科毕业，留校担任思想政治辅导员；2007年管理学院硕士毕业；2013年文学与新闻传播学院博士毕业。2016年调入文学院，2018年起担任文学院党委副书记。从事学生工作近20年来，带过的本科生达到2600余人，在学生管理方面有丰富的工作经验，获得过国家级、省级及高校学生工作系统荣誉100余项，出版《种桃种李种春风》一书。

工作心得

心随境远，完善自身道德修养；师道先路，构建学生追梦平台。学生工作是实现“立德树人”根本任务中的重要一环，是筑牢学生信仰之基，把稳思想之舵，扬起理想风帆的基础性和关键性工作。它的目标高远，需要我们投入信仰和爱；它的任务艰巨，需要我们有踏石留印的狠劲和决心；它的范围很广，需要我们每一位师者的言传身教。我们希望能够构建教师和学生相互沟通、学习的全方位体系，通过师德师风的引领示范，为学院学生搭建一个更优质、更宽广的追梦平台。

侯乃峰

个人简介

侯乃峰，男，1979年1月生，山东郯城人，山东大学文学院教授。2002年华中师范大学本科毕业；2007年安徽大学历史系博士毕业（硕博连读），先后师从刘信芳、何琳仪、徐在国等先生。曾在复旦大学出土文献与古文字研究中心进行博士后研究工作，合作导师为裘锡圭先生，主要研究方向为出土文献学与古文字学，兼及先秦两汉传世典籍文献的研究。2007年起任职于曲阜师范大学历史文化学院，2019年调至山东大学文学院。承担本科生甲骨文金文导读、古代汉语课程，承担研究生出土简帛研究、文物鉴定与研究、古籍研究与整理、训诂与古音学等课程的教学工作。曾主持中国博士后科学基金面上资助项目、国家社科基金后期资助项目各1项，正在主持国家社科基金一般项目“《论语》古注新解综合研究及数据库建设”。出版学术著作2部，发表学术论文50余篇。曾获山东省高校优秀科研成果奖二、三等奖，山东省社会科学优秀成果奖二等奖。

工作心得

出土文献学和古文字学研究，近似于古人所谓的“朴学”，以乾嘉诸老所秉承的“实事求是”“无征不信”理念作为治学的基本原则。这是一个饶有科学精神的研究领域，号称“文科中的理科”，因为说法的对错，大都是可以验证的。沉浸其中，既有面对诸多难题百思不得其解的无可奈何，更有一旦贯通豁然开朗的欣喜欢乐。在此领域，经常是投入多而产出少，用功巨而成果渺，但它绝对值得我们为之付出。试想一下：前人千百年来都没搞清楚的问题，吾辈能够得知最终答案，是不是很有趣呢？

果　娜

个人简介

果娜，女，1980 年 3 月生，河北唐山人，山东大学文学院正科级辅导员，讲师职称。2002 年山东大学文学与新闻传播学院本科毕业，2005 年同院硕士毕业，2012 年同院博士毕业。2005 年 7 月至 2016 年 9 月在山东大学文学与新闻传播学院从事辅导员工作，2016 年 9 月后，继续在文学院从事辅导员工作。

工作心得

辅导员是一份深具挑战又充满乐趣与希望的工作。每一天，都在和学生们并肩努力，确定方向、协调关系、纾解压力，解决所有力所能及的问题。而力有不逮时，则和学生们一起，尝试接受与改变。经历着紧张忧心，经历着苦口婆心，也经历着一体同心。记忆深处，充溢着师生分别时的依依不舍，重逢时的神采飞扬，乐而安之。

李　飞

个人简介

李飞，男，1980年6月生，山东诸城人，山东大学文学院副教授。2002年首都师范大学本科毕业；2007年中央民族大学硕士毕业；2011年北京大学博士毕业，师从卢永璘教授，治中国文学批评史。2011年进入山东大学文学与新闻传播学院。2019年为本科生主讲中国文学批评史、《文心雕龙》导读和美学原理，为研究生开设《文心雕龙》导读课程。主持国家社科基金项目、省部级项目多项，著有《中国美育思想通史·宋金元卷》，在《北京大学学报》《复旦学报》等刊物发表论文多篇。

工作心得

从事学术研究、教书育人，不应当只是一种职业，更应当是一种志业。我们远不如寻常的劳动者有用，除非我们能证明我们的工作在实际的有用之外还增添了一些别的也可称之为价值的东西，对于这些东西的追求是人所不可抗拒的命令。唯其如此，我们才配享社会所赋予我们的研究和教育的权利。

史建国

个人简介

史建国，男，1981年2月生，山东临朐人，山东大学文学院教授。2002年曲阜师范大学本科毕业；2005年南京大学硕士毕业；2009年南京大学博士毕业，师从沈卫威教授。2007至2008年入选国家建设高水平大学公派研究生项目，赴德国波鸿鲁尔大学东亚系学习一年。主要研究方向为中国现当代文学期刊史料、当前社会文学生态。承担本科生中国当代文学史、20世纪中国文学与电影、沈从文经典作品导读和研究生中国现代文学史料学等课程教学工作。承担国家社科基金一般项目“鲁迅纪念文献资料的整理与研究（1949—2016）”、国家社科基金重大项目子课题“百年乡村社会的文化状况研究与乡土小说的接受调查”、山东省社科规划项目“跨文化视阈下的中国网络文学研究”以及山东大学青年团队项目、山东大学文学院项目等。出版专著《陈衡哲传——“造命”人生的歌者》《从新文化公共空间到党派“自己的园地”——〈民国日报·觉悟〉研究》，译著《在拿波里的胡同里：中国现代文学论集》，参撰教材《经典解码：20 世纪中国文学与电影》，在海内外发表学术论文 70 余篇，其中多篇被人大复印报刊资料全文转载。曾获山东省高校优秀科研成果奖、首届朱德发五四青年学术奖等奖项。

工作心得

正视并坦然接受他人的优势与自己的局限，方能淡定从容、安静做事。

刘祖国

个人简介

刘祖国，男，1981 年 6 月生，山东临清人，山东大学文学院副教授。2003 年曲阜师范大学中文系本科毕业；2006 年华东师范大学中文系硕士毕业；2009 年华东师范大学中文系博士毕业，师承詹鄞鑫、华学诚教授。2011 年在山东大学中国语言文学博士后流动站完成博士后研究工作，主要研究方向为汉语史、训诂学、道教文献语言。承担本科生古代汉语、训诂学、《尔雅》导读和研究生中古汉语概论、中国语言学史、汉语史专题的教学工作。主持或完成国家社科基金项目“道经故训材料的发掘与研究”、国家社科基金重大项目“中国古代方言学文献集成”子课题以及教育部人文社科研究青年基金项目、山东省社科规划项目、山东大学文学院首批重大项目等，参与 2011—2020 年国家古籍整理出版规划项目“古代方言文献丛刊”。在《江海学刊》、《汉学研究通讯》（中国台湾）等刊物发表论文 60 余篇，出版专著《魏晋南北朝道教文献词汇研究》，参编《古代汉语》《文言文学习字典》。入选山东大学青年学者未来计划。

工作心得

参加工作十年来，我始终认为“课比天大”，做到全身心投入教学，尽心尽力教书育人。坚持用心带学生，处处为学生着想，不仅传授其文化知识，更指导其为人处世，做一名受学生欢迎和爱戴的好老师。教学之外，认真从事学术研究，立足中古汉语，十余年来一直扎根于道教文献整理及道经语言研究领域，不断钻研，努力探索，希望能为这一目前较为薄弱的领域贡献绵薄之力。

曹成竹

个人简介

曹成竹，男，1981 年 7 月生，山东淄博人，山东大学文学院文艺美学研究中心副教授。2004 年济南大学本科毕业；2008 年广西民族大学硕士毕业；2011 年南京大学博士毕业，师从王杰教授。2011 年 7 月入职山东大学文学院，研究方向为马克思主义文论、歌谣理论、网络文艺批评。2019 年为本科生主讲文学概论，为研究生开设西方哲学史专题、当代美学与文化批评专题课程。出版专著《歌谣与中国文学的审美革新》等，合作教材及著作 6 部，发表论文 40 余篇。主持国家社科基金项目、中国博士后基金项目、山东省艺术科学重点课题、山东省社科基金项目等课题 5 项，参与国家社科基金重大项目、教育部人文社科重点研究基地重大项目、山东大学青年学者团队项目等课题 6 项。3 次荣获山东省高校优秀科研成果奖。

工作心得

对高校教师来说，无论教学还是科研，都是一份神圣的“志业”而不是谋生的“职业”。这份志业不仅需要热爱和激情，更需要平淡踏实的态度和始终如一的节奏。不被世事所累，不为诱惑所迷，不因辛劳而怠，像生活习惯一样安稳自然，才是高境界。喜欢尼采的一句话："人生是一条污浊的河流，所以人要像大海，才能容纳这污浊而不至自污。"我喜欢看湖看海，也喜欢投身学术，在知识和思想的海洋里感受这份平和明净、宽广浩瀚。

徐昌盛

个人简介

徐昌盛，男，1982 年 9 月生，江苏射阳人，山东大学文学院副教授。2004 年北京化工大学行政管理专业本科毕业，2008 年、2012 年硕士和博士毕业于北京大学中文系中国古代文学专业，师从傅刚先生从事汉魏六朝文学的研究。曾在吉林省机构编制委员会办公室、华东师范大学中文系博士后流动站、湖南师范大学文学院工作。2019 年 11 月调入山东大学文学院。出版学术著作《〈文章流别集〉与魏晋学术新变》《挚虞及其〈文章流别集〉研究》，发表论文 20 余篇。主持国家社科基金后期资助项目和国家社科基金重大项目子课题各 1 项，其他省部级项目 3 项。

工作心得

一是认真做好教学、科研和社会服务的本职工作。一丝不苟地完成课堂教学和论文指导，扎扎实实地开展开拓性、创新性研究，积极主动地为经济社会发展做些力所能及的事情。

二是既能做好一件事情，又尽量做更多的事情。孔子说“君子不器”，人不能只有某一方面的能力，应该锻炼各式各样的本领，承担更多的社会责任，但也不能做什么事情都浮光掠影、蜻蜓点水，而要在某些具体的领域有深入而拔萃的成就。

国家玮

个人简介

国家玮，男，1983 年 5 月生，吉林省吉林市人，祖籍山东莱州。山东大学文学院副教授、硕士研究生导师。山东大学青年教学能手。2007 年吉林大学本科毕业，2010 年北京大学硕士毕业，2014 年北京大学博士毕业。在山东大学文学院博士后流动站从事中国现当代文学生活史研究，合作导师为温儒敏教授，主要研究方向为中国现当代文学，尤其偏重鲁迅研究。为本科生开设鲁迅精读课程。承担课题《鲁迅小说的文类风格研究——以人称、反讽、抒情 / 反抒情为中心》（山东大学校级重点项目）、《民国时期济南、青岛的文学生活研究（1919—1937）》（山东省社科基金青年项目）。出版专著 2 部，主编学术文集 1 部，译著 1 部。近期致力于“鲁迅与现代中国社会记忆”、区域文化史等领域的研究，在《文学评论》《文艺研究》《鲁迅研究月刊》《中国现代文学研究丛刊》发表论文 40 余篇，其中多篇被人大复印报刊资料转载。曾获山东省高校优秀科研成果奖二等奖。

工作心得

以学术为志业可敬，以学术为营生可耻。选择学术方向，关注某人某段历史，皆有现实关怀，未必做好，但一颗质地纯粹的头脑需要思考的一定是大问题。大题可小做，小题也可大做，但大视野必不可缺。眼光要高，不去偷懒而做无关痛痒的研究；底气要足，坚持独立的治学精神；精神要真，分辨得清什么是真学问。记取鲁迅先生对青年人的勉励——生存、温饱、发展：思想，争取要超前；治学，则要沉潜十年。

王世昌

个人简介

王世昌，男，1985 年 1 月生，山东五莲人，山东大学文学院助理研究员，硕士研究生导师，山东大学文学院语言计量与计算实验室主任。2007 年山东大学文学与新闻传播学院本科毕业；2011 年山东大学文学与新闻传播学院硕士毕业，师从杨振兰教授，学习现代汉语词汇学；2016 年香港理工大学博士毕业，师从黄居仁教授，学习语料库语言学与计算语言学。研究方向为现代汉语词汇学、语料库语言学、计算语言学。为本科生开设现代汉语、《普通语言学教程》导读等课程，为研究生开设语言理论专题、汉语词汇专题研究、计量语言学等课程。承担山东省社科规划青年项目、山东大学青年团队项目、山东大学文学院一般科研项目、山东大学教育教学改革研究一般项目各 1 项，参与省、厅、院级项目多项。在 *Language and Linguistics*、*Lingua Sinica*、《文史哲》、《语言战略研究》等期刊以及国内外学术会议发表论文 10 余篇，构建语料库及词汇数据库等语言资源多种。2018 年获山东大学青年教师教学比赛三等奖，2020 年获山东大学优秀科研个人奖励，2021 年获山东大学文学院优秀青年科研成果奖一等奖。

工作心得

为学越久越觉得有两句话是颠扑不破的真理。第一句是“书山有路勤为径，学海无涯苦作舟”；第二句是“在科学的道路上没有平坦的大道，只有不畏艰险沿着陡峭山路向上攀登的人，才有希望达到光辉的顶点”。学习和科研都是在不断地突破自己认识的边界，有时还要挑战自己智力的极限，在这个过程中，如果没有勤奋和吃苦的精神，没有持之以恒的积累，是难以实现质的飞跃的。在为学的道路上，保持谦逊之心，不断勉力前行，比什么都重要。

王　辉

个人简介

王辉，男，1985年9月生，江苏睢宁人，山东大学文学院副教授。2007年本科毕业于中国矿业大学中文系，同年考入中山大学中文系古文字研究所，先后获硕士、博士学位，导师分别为杨泽生教授、陈伟武教授。2012—2014年在北京大学中文系古汉语教研室进行博士后研究，合作导师为杨荣祥教授。2014年9月进入山东大学文学与传播学院工作，讲授古代汉语、文字学等课程。主要研究方向为古文字与《说文解字》。主持中国博士后科学基金项目、国家社科基金青年项目、教育部国家语委重点项目各1项，先后在《古文字研究》《中山大学学报》《文史哲》《考古与文物》等刊物上发表论文近30篇，如《释“卑隃”》《岳麓秦简〈为吏治官及黔首〉字词补释》《傅说之名再考辨——兼论“鸢”字及其他》等，参与编写《出土战国文献字词集释》，为分卷主编。

工作心得

我所从事的古代汉语、文字学相关课程教学，课堂相比较而言是枯燥的，关注的古文字与出土文献领域研究，又是“冷门绝学”的范畴。希望自己能够一直保持教学的热情，保证科研的质量，并常怀面对新挑战的勇气。

张　鹏

个人简介

张鹏，男，1986 年 1 月生，安徽蚌埠人，山东大学文学院副研究员。2010 年兰州大学本科毕业；2013 年兰州大学历史文献学专业硕士毕业；2017 年首都师范大学历史学院博士毕业，先后师承刘屹、王卡、郑筱筠先生，研究方向为敦煌学与道教文献。2017 年在中国社会科学院世界宗教研究所从事博士后研究工作，2019 年 8 月入职山东大学文学院。获第 64 批中国博士后科学基金面上资助项目 1 项（已结项），现承担国家社科基金项目“敦煌道教文献的整理研究”。在《世界宗教研究》《敦煌学辑刊》等刊物发表论文数篇。

工作心得

为人厚道，性格温和，学习科研认真踏实，工作生活富有创意。于单调中求乐趣，从交友中学担当。书斋的单纯与社会的复杂，使我体会到客观观察世界、冷静思考问题的重要。直面挑战，不言放弃，用劳动与热情充实崭新的一天。

张倩倩

个人简介

张倩倩，女，1986 年 9 月生，山东济宁人，山东大学文学院助理研究员。2008 年济南大学本科毕业；2011 年西华师范大学硕士毕业；2016 年山东大学文学院博士毕业，师从袁世硕先生，主要研究方向为中国古代戏曲研究、元明清文学。承担中国古代文学史、经典作品导读（四）的课程教学工作。独立出版专著《元杂剧版本研究》《文字画像与生活：汉代墓室绘画图像学研究》。

工作心得

教师是个良心活，做到问心无愧；教师是个耐力跑，做到坚持不懈；教师是个功夫活，积累时光经验。“爱，是最好的老师。”爱学生，不是一句口号，它构筑在理解、尊重和奉献之上。教师就是一位雕塑大师，能将一块坯材，用自我的思想与感情，雕塑成一件艺术精品。

叶杨曦

个人简介

叶杨曦，男，1986 年 10 月生，江苏南通人，山东大学文学院副教授。2009 年、2012 年南京大学文学院本科及硕士毕业，先后师承金程宇教授、武秀成教授和张伯伟教授；2015 年香港中文大学中文系博士毕业，师承陈平原教授，主要研究方向为域外汉籍、海外汉学。2014 年于日本早稻田大学文学院担任交换研究员。2015 年入职山东大学，师从文艺美学研究中心曾繁仁教授从事博士后科研工作，并先后担任比较文学与世界文学研究所助理研究员、硕士研究生导师。承担本科生外国文学、东亚比较文学引论和研究生海外汉学研究的课程教学工作。现主持科研项目多项，其中省部级及以上项目 6 项，出版专著 1 部，在《社会科学》、《文艺争鸣》、《人文中国学报》（中国香港）、《汉学研究通讯》（中国台湾）等刊物发表论文、书评、译文多篇。入选山东大学青年学者未来计划，获南京大学程千帆奖学金、中国民俗学会民间文化青年论坛奖、香港中文大学研究生学术成果奖、首届文学教育全国论文大赛一等奖等。

工作心得

“博学于文”“行己有耻”，踏实为人，素心教研。无力曲学阿世，但求无愧于心。希冀以鹦鹉救火之姿，“为天下储人才，为国家图富强”尽绵薄之力。

王伟龙

个人简介

王伟龙，男，1987年5月生，山东济南人，山东大学文学院助理实验师。2010年7月曲阜师范大学杏坛学院本科毕业；2013年7月西北师范大学计算机与数学科学学院硕士毕业；2013年7月至2019年8月就职于上海亨钧科技股份有限公司，任大区经理。致力于专有铁路控制与监测系统的研发和实施。2019年8月至今，就职于山东大学文学院，任助理实验师，主要负责学院设备管理、实验室管理以及其他相关行政事务，参与语言科学实验中心建设工作。

工作心得

恪尽职守、爱岗敬业，不负青春、不负韶华。工作中时刻保持做事细心、遇事有耐心、办事有责任心的工作态度。在工作中做到有的放矢、重点突出、保证效率，同时寻求个人价值感和获得感。勇于学习和创新，做到善用和改进前人工作方法和工作经验，即“择其善者而从之，其不善者而改之”。

刘洪超

个人简介

刘洪超，男，1987 年 6 月生，山东滨州人，山东大学文学院助理研究员。2011 年鲁东大学本科毕业；2014 年北京大学硕士毕业，师从詹卫东教授，其间在新加坡国立大学师从彭睿副教授；2018 年香港理工大学博士毕业，师从黄居仁教授，研究方向为计算语言学。为本科生讲授现代汉语课程。在 *IEEE ACCESS*（SCI 一区）、*Corpus Linguistics and Linguistics Theory*（SSCI 二区）、*Journal of Quantitative Linguistics*（SSCI 三区）以及 CSSCI 期刊、《光明日报》等发表论文近 10 篇。

工作心得

我从事的研究领域是计算语言学，我认为最重要的工作态度是认真和严谨。一方面，做科研要认真。很多人并不真正懂得保持什么样的态度才能称得上认真，仅仅在任务上花更多的时间和金钱不等于认真，对交到自己手里的每件事情都详细规划并精益求精地去完成才是认真。

另一方面，做科研要严谨。科研不是写散文和小说，每提出一个论点都要有丰富且有说服力的论据，应该严格遵循“提出假设—验证假设—分析错误—提出新的假设”的流程。在验证中要严格排除主观性所带来的影响，努力保证验证过程的客观性。语言学这个学科，在国际上被认为是科学的一个重要领域，但是目前很多学者却在用主观证据甚至是伪科学方法验证假设，这是一个值得反思和改进的地方。

智德慧

个人简介

智德慧，女，1987年12月生，山东曹县人。2009年泰山学院教育学院本科毕业，2012年西南大学教育科学研究所硕士毕业。2019年10月起在山东大学文学院工作，担任本科教务秘书。

工作心得

教务秘书主要负责协助各项教育、教学工作顺利开展，并做好学籍、考务等相关管理工作。作为一名教务秘书，需要热爱学生，热爱教育事业，工作严谨，认真负责，对学生和老师反映的问题要认真对待，和老师、学生保持良好的沟通，做好各种信息的上传下达。

杨俊娇

个人简介

杨俊娇，女，1988 年 1 月生，山东临沂人，山东大学文学院组织人事秘书，助理研究员。2010 年 7 月山东大学生命科学学院本科毕业，2014 年山东大学马克思主义学院硕士研究生毕业。2010 年留校工作，任文学与新闻传播学院辅导员，2014 年 7 月起兼任文学与新闻传播学院党委组织人事秘书，2016 年 9 月至今任文学院组织人事秘书。参与编写教材《大学生思想政治教育学》（人民出版社）。获评山东大学优秀辅导员、工会工作先进个人、就业工作先进个人、学生社团优秀指导教师等荣誉称号。

工作心得

人是决定工作水平和工作实效的核心要素。想要成为一名称职的组织人事秘书，在工作中要不断地“精致化”，首先要对工作热爱和执着，保持精益求精的动力；其次，要不断借鉴和创新，实现工作成效的提升。

刘 文

个人简介

刘文，男，1988 年 8 月生，山东济宁人。2012 年济南大学本科毕业；2015 年北京大学中文系硕士毕业；2019 年北京大学中文系博士毕业，师从孔江平教授。2019 年 7 月入职山东大学文学院，任副研究员，研究方向为实验语音学。现承担山东大学基本科研业务费资助项目、山东大学文学院学术研究项目各 1 项。曾在国内外著名期刊 *Journal of the International Phonetic Association*、*Language and Linguistics*、*Journal of Chinese Linguistics*、《语言学论丛》、《民族语文》、《当代语言学》等发表论文 10 余篇。

工作心得

世之奇伟、瑰怪、非常之观，常在于险远。研究之乐，亦在于不懈求索中，见人所未见，得闻新知。以己昭昭，方可使人昭昭。在教学相长的过程中，当时刻不忘用研究之乐勉励自己，用教育之任鞭策自己。

何　瑛

个人简介

何瑛，女，1988年生，江苏泰州人，山东大学文学院助理研究员。2009年中央民族大学本科毕业，获历史学、旅游管理本科双学位；2012年中央民族大学硕士毕业，获法学硕士学位；2017年北京大学中文系博士毕业，获文学博士学位。2015—2016年度赴美国杜克大学访学。研究方向为中国现当代文学史、文学批评等。2019年主讲中国当代小说精读、中国当代文学史、冯至穆旦诗歌导读等课程，并教授研究生专业外语课程。承担院级课题2项，参与国家社科基金项目2项，发表论文10余篇。

工作心得

在与同学们交流的过程中，我觉得我学习到的比传授出去的更多。每天都有所成长的人生是美好的，希望同学们也一样，能在离开学校之后也不断丰富自己。我们所学的所有知识，其最终目的其实在于此。

寇 鑫

个人简介

寇鑫，女，1990 年 2 月生，河北保定人。2019 年起任职于山东大学文学院汉语言文字研究所，副研究员。2012 年华中师范大学文学院本科毕业；2015 年北京大学中文系硕士毕业；2019 年北京大学中文系博士毕业，师从袁毓林教授。研究方向为现代汉语语法。曾在《中国语文》《当代语言学》《语言教学与研究》《语言学论丛》等学术刊物上发表论文数篇。

工作心得

初为人师，要经历从学习者到授业者的转变，心中既怀兴奋，又兼惶恐。是所谓“学然后知不足，教然后知困”。大学校园是一个永远充满好奇与惊喜的地方。我们从师长的智慧人生中汲取养分，在传递知识的路途上反思前修之未密，于自反自强中，完成学术的传承与创新，亦完成自身的蜕变与成长。

丁 晋

个人简介

丁晋，男，1990年9月生，山东济南人。2013年浙江大学本科毕业，获汉语言文学、英语语言文学双学位；2018年浙江大学博士毕业（直博），导师盘剑教授；2016年至2017年在日本早稻田大学访学一年。现为山东大学文学院助理研究员，研究方向为中国现当代文学与影视戏剧。为本科生开设20世纪中国文学与电影、中国现代文学、老舍作品导读等课程。主持省部级、校院级项目多项，发表各类期刊论文多篇，担任《高校影视选修课程教材》副主编，《浙江日报》特约剧评人。曾获山东大学青年教师教学比赛一等奖和山东大学青年教学能手荣誉称号。

工作心得

在工作中，希望做到朱光潜先生所言“恒恬诚勇”四字，珍惜宝贵机会向各位师长多学习，不断充实完善自己，全身心投入科研与教学工作，尽全力为学生付出，为学院学校增光。

伏 煦

个人简介

伏煦，女，1990 年 11 月生，江苏徐州人，山东大学文学院文艺美学研究中心助理研究员。2013 年中山大学本科毕业，2018 年南京大学硕博连读毕业，导师张伯伟教授。研究方向为中国文学批评史、汉魏六朝文学。为本科生讲授中国文学批评史、中国诗学研究等课程。2018 年至今任职于山东大学文艺美学研究中心，曾在《文艺理论研究》等刊物上发表论文数篇，参编《中国古代文体学论著集目（1900—2014）》。

工作心得

我一直用南京大学程千帆先生所说的“敬业”“乐群”“勤奋”“谦虚”来鞭策自己，作为一个刚刚走上讲台的青年教师，或许我要用几十年的努力工作，在为人、治学、教书育人等多个方面，实现这简简单单八个字所包含的境界。

李国强

个人简介

李国强，男，1992 年 6 月生，羌族，四川北川人。2016 年山东大学文学与新闻传播学院本科毕业，并考取硕士研究生。2016 年 7 月起担任山东大学文学院思想政治辅导员，曾获山东大学优秀青年工作者、山东大学学生社团优秀指导教师、山东大学共青团学生校园文体活动工作先进个人等。

工作心得

做学生的知心朋友，做学生的人生导师是对一名辅导员的最基本要求。用心去做，得到的会是远超预料的感动和满足。

赵加朋

个人简介

赵加朋，男，1994年5月生，山东齐河人。2018年10月到山东大学文学院工作，主要负责学院办公室日常行政、财务等事务。

工作心得

作为一名学院工作人员，在工作上要做到细心、耐心、尽心。细心为老师、同学们服务；耐心为老师、同学们讲解不清楚的财务等问题；尽心做好日常行政事务，尽心尽力为学院发展做出贡献。

米娟娟

个人简介

米娟娟，女，1994年12月生，回族，甘肃天水人。2018年山东大学文学院本科毕业，目前研究生在读。自2018年7月起担任文学院保资辅导员至今。曾获2018级学生军训工作优秀政工干部，2018—2019学年宣传工作先进个人（教师）。

工作心得

保持初心，永怀善心，传播爱心，以身作则，以仁爱生。走进学生心里，陪伴、支持、赋能学生向阳成长、向善生根。在工作中沉淀，在奉献中收获，在修心中坚守。

孙雅乔

个人简介

孙雅乔，女，1997 年 3 月生，山东高密人，山东大学文学院辅导员。2019 年山东大学艺术学院本科毕业，2020 年于山东大学新闻传播学院就读研究生。担任文学院 2019 级本科生辅导员，同时负责学院团委、留学生与学生科研项目管理工作。

工作心得

在工作中，最重要的是用心、用情、用方法。与同学们朝夕相处，24 小时超长待机，责任心是第一位的，也应想同学们所想，感同学们所感，与同学们共情，设身处地去理解大家，同时要有专业的方法，了解同学们的特点，把握好发展规律，真正做好同学们学习和生活中可靠的后盾。

后 记

不解之缘

做同人录的想法源自2018年底与杜泽逊老师的一次交流，那时我刚辞去奋斗六年的工作，研究生在读，拥有大把自由时间。在山东大学学习、工作十年间，我与文学院有着很深的缘分。杜老师知我对文院有感情，还有点摄影技能，便把《2019年山东大学文学院同人录》的编写任务交给了我。

这项工作要求为2019年文学院的所有教职员工拍摄照片，并各配一段简单的个人介绍。为人拍照是我一生热爱，能为老师拍照荣幸之至。碰上乐意干的事儿，我就变成急性子，拍照片不难，文字部分向老师逐一询问更是容易，任务只有这两项，料想很快就可完成。开始的热血劲儿退去之后，沉淀下担忧和忐忑。学院教职工数量比我预想的多一倍，中间复杂程度始料未及。大致时间安排如下：2019年3月到6月以任课老师为主，暑假拍摄退休老师，秋季学期拍机关老师，同时完成剩余的补拍工作。

每位老师只需一张照片，我忍不住拍上几十张、上百张，常常是回家看到满满的硬盘时才笑侃“自找麻烦”。但下一次，只要老师有时间、不嫌烦，我就是要一次次按下快门。十年前我考入山东大学新闻系，那时文学院和新闻传播学院尚未分家，学院为新闻系开设几门中文必修课，每每听闻中文系哪堂课特别有趣，哪位老师风度不凡，我便蹭到教室猫在最后一排偷听。时隔多年，知识点早已归还，站在讲台上的身影却越来越清晰：知识底蕴托举的博引，尊重学术引发的严苛，深入浅出产生的诙谐，还有讲到忘我时的昂扬或喟叹，义愤填膺或会心一笑。工作期间参与许多文学院的活动，采访报道多位文学院的老师，随着了解的加深，仰慕愈加强烈。如今有为老师拍照的机会，怎能不把最有吸引力的一面记录下来呢？

为免老师们专为此事奔波，在拍摄任课老师时，我对照各年级课程表把拍摄时间约在上课前后或开会的日子。暑期天气炎热，便提前联系老师约定时间问清地址，骑车到家中拜访，尽量在室内完成拍摄，有的退休老师不方便使用电脑，还需再去两次，一次取回填好的表格，一次送去待审的照片和文字。9月之后进度稍慢，反复联系因特殊原因尚未拍摄的老师。12月得知学院新入职几位年轻老师，逐一联系确认他们来济南的行程，挤时间拍摄。

经过前期论证筹备，从2019年3月春季学期开学初开始执行，到年底，共完成151位老师的信息采集。

镜头之外

拍的越多，越发现摄影最重要的不是拍摄技巧，而是了解和沟通。内心怀揣敬意，表达却要平等，用语言激发引导。有一个有趣的发现，我们的老师在突如其来的关注下也会面含羞怯，全然不似讲台上那般深邃慷慨飞扬自如，恰如平素伶俐的同学在课堂上被叫起来回答问题时，突然产生词不达意的尴尬。讲台下的老师（课堂上最不苟言笑的也包含在内）是多么亲切可爱呀！

2019年3月4日上午9点，文史楼227室，我的第一个拍摄对象是樊庆彦老师。拍照前必须将办公室里可能入镜的凌乱进行整理，樊老师制止我帮忙，一边自己收拾一边不好意思地说："学生要帮我收拾来着，我跟他们说，收拾了我就找不到东西，再说哪能让学生收拾卫生？"这个细节给我很大触动。

拍摄照片最多的是张倩倩老师，她怀着宝宝，正是人生中最值得纪念的时候。她话很少，整个人透着温柔静默的美，当然，在我强烈的"攻势"下，她逐渐适应了镜头，自然地回头对我微微一笑，有时被我逗得哈哈大笑。原计划拍20分钟，一不小心就拍了两个小时，怀孕走路很辛苦，她没有说累。

印象中拍摄时间最短的是杜老师和王辉老师。11月14日，约好给机关老师拍摄合影，杜老师步履匆匆，从一个会场赶回学院，已近中午，拍完合影，我尾随杜老师到办公室，在他另一件工作开始之前的两分钟间隙内，快速完成拍摄。王老师拍照那天天气特别好，他要求简单，到知新楼下拍一张就行，可是阳光刺得人睁不开眼，我提议换一个地方再拍，他大度地表示如此即可。后来在审核图文时，王老师大概也觉得照片换一张比较好，等我打电话约再次拍照的时间时，他又体谅地不想让我多跑一趟，还是选用了知新楼下那张。

最意外的照片来自李剑峰老师，在小树林完成拍摄后，李老师准备骑车回家，我赶紧把刚收好的相机拿了出来。众所周知，自行车是李老师的“标配”，我赶忙跑过去抓拍几张，他得意地谈起2008年骑着这辆车去北京的疯狂举动，使我惊掉下巴。

与老师们最常约在学院大办公室碰面，谭老师、赵老师是最掌握我的工作进度的，他们总是主动给我提供最新名单，传递最新消息，提供便捷方案：“龚鹏程先生明天来开会，找机会让你去拍”“叶国良老师下周来，你快约一下”“牛运清老师就是马瑞芳老师的先生呀”……没有这些及时的消息，我得多费不少周折。还曾在办公室偶遇几次退休老师，谭老师和赵老师比我还高兴，让他们快做好被拍的准备。去的次数多了，办公室成了最亲切的落脚处，难怪许多老师到学校习惯到办公室坐一会儿，聊聊生活，谈谈近况。

照片里出现最多的场景是学院的资料室，老师们的办公室或空荡荡或紧巴巴，5楼资料室因其整洁的环境、明亮的大窗、气派的书架备受青睐。有两三次，我看到一位老先生端坐里间看书，考虑到工作任务，便问刘进水老师这是不是文学院的老师。刘老师惊问：“张可礼先生，你不认识？”久闻其名，首次得见，我便硬着头皮厚着脸皮上前打断老先生的阅读，请他允许我拍几张照片。老先生笑眯眯，缓缓说可以。于是在我的“摆布”下，老先生一会儿戴眼镜，一会儿摘眼镜；一会儿提笔看书，一会儿弃笔望镜头；一会儿正襟危坐，一会儿立定站姿，我都有些不好意思了，他却一直带着儒雅的微笑，没有一丝不耐烦。后来，我把冲印好的照片托人转交给张老师，不久再去资料室时，刘老师给我一张纸条，是张老师手写表达感谢。又过不久，他又托学生转赠我一盒糕点，表扬我给他拍的照片好看。

85岁的张可礼先生尚不是年纪最大的老师，凌南申先生出生于1928年，今年已经92岁高龄了。凌老师住在南院，自己接电话，他听不太清我说话，我听不太懂他南方口音，彼此的意图在反复的高喊中损失十之七八，终于问清地址，约好拜访时间。凌老师精神矍铄，热情友好，攀谈中同我谈起与华岗老校长的缘分与情谊。老先生眼含热泪，撑着桌子颤颤巍巍站起来，挪到书架边，几乎不必寻找就拿出一本旧书，翻到他最爱的那一页，让我也读读这篇书写华岗的文章。这一次，我竟然听懂了他说的每一句话。

最心痛，是吴开晋、葛本仪两位先生先后离世。到吴老师家是10月，他身体不好只能坐着，为了拍摄，专门穿一件精神的宝蓝色上衣，坐在光线最好的沙发里。离开前，他送给我一个苹果，我接过来握他的手祝他身体康健，他艰难地开口，只叮嘱我好好读书。虽是唯一一次相见，却亲切得像自己家的老人，屋门关上那一刻，我在心里默念，祝您健康平安。7月份在南院拍葛老师，拍完同人录需要的角度，葛老师请我再为她拍一张白色背景头像，拍了多张，她仔细选了一张最满意的。10月份，葛老师给我打电话，让我有空去家里帮她整理电脑上的个人资料，在她家中半日，拉着我的手与我聊天，说她每天写字，每天打麻将灵活大脑。2020年1月11日，葛老师尚在微信上与我沟通文字修改问题。找出他们的照片，回想当日情景，他们笑得灿烂，如果时间停留在照片里该多好啊！

最意外的相遇，是庞守英老师遇见章亚昕老师。两位老师都约在同一天上午的小树林。约在9点的庞老师晚到了一会儿，10点的章老师早到了一会儿，两位老师许久未见，在浓密的树荫下相对而坐，一边填写个人简介表格，一边聊起过去。庞老师饱含深情地谈起当她还是“小庞”时，与时任中文系主任的章茂桐先生共事时发生的几件小事。章老师温和谦逊，不时转头望向文史楼，庞老师也寻着他的目光望去，目光定格在这座校园最古老的建筑上。这里有他们最美好的回忆，我坐在他们之间静静地听，不知怎么就湿了眼眶。

山大20世纪50年代迁至济南，文史楼是新校园建成的第一座建筑。如今耳顺之年的文史楼，记录了多少青春，见证了多少故事，承载了多少记忆，浓缩了多少情感……建筑静默无言，唯余往来者喟叹。而我在做的，就是记录当下的人与事，许多年后，后人翻阅，是否也会感动呢？我这样想着，带着对山大和文学院的诚挚热爱，继续尽最大努力把同人录做好。

在151个相会片刻，听到最多的，是老师们对我道辛苦、说感谢，殊不知老师们给我的更多。在袁世硕先生洪亮的讲课声中，我认识了教师这一职业的伟大；在沈文老师的温言关怀下，我感受到学院的人情味；在王洲明、武润婷老师携手而行的背影中，我看到了伉俪情深；在孙奇老师爽朗的笑声中，我听到了唐风宋韵；在徐超老师行云流水的落笔中，我感悟到人生应精彩而有趣；在杨俊娇老师忙碌而严谨的工作态度中，我看到了不一样的美……拍摄总在交谈中进行，每位老师都能在不经意间给我感动或启迪，不胜枚举。我就像玩耍的孩童，意外发现了仙女散落的珍珠。在不到一年的时间内，与一百多位老师交流，看到这么多美好闪光，何其有幸。

难忘一课

拍摄结束后，老师们需填写一张个人信息表，据此整理为个人简介。我们整理几段之后，发现只有履历未免言之不尽，于是添加一段心得，请老师谈谈自己在教学生、做学问的过程中的经验和体会，给后来人借鉴与启发。心得部分，通常老师们要好好考虑一番。我有幸成为第一个受启发者，听到老师们谈起自己的所思所感，我总是为他们朴素的追求、多年如一的坚持所感动。

一段段心得读下来，或许，文院辉煌百年的秘密就在其中。落在纸上只有寥寥数语，却是他们代代相传，一字一句，践行一生的箴言。

最后只想感谢。

蒙文学院领导、老师信任，将这样重要的任务托付于我。每当遇到不同层面的问题，机关老师都积极给我建议和帮助，总是鼓励我。交稿后，杜老师、杨俊娇老师又对文字部分进行了补充完善，经由史建国、刘晓艺、樊庆彦、王辉、何瑛几位老师分工审订，最后由张帅、李剑锋、黄发有、程相占、马兵、王萌、沈文老师分工审稿。一份情，一条心，这本书凝结了老

①教书育人必须严肃认真，讲课要有新内容、新精神，并富有启发性，让学生确有心得和收获。②要培养学生勤于思考、善于发疑的求知精神。人云亦云，比着葫芦画瓢的学习最无出息。③学问、科学研究，从严格意义上讲，缺乏创造精神的复述，不能算作科学研究。④要引导学生开富矿，不要捡别人剩下的破铜烂铁。⑤科学的高峰永远都是脚踏实地、勇于攀登的人们创造的。

我把传承、弘扬中国古代优秀的传统文化，作为自己的担当和事业，不因退休而放弃，不因年迈而终止。乐于斯，与生命相伴于斯。

我一生从事教师工作，“为人师表”是对教师的基本要求，所以我一直都以此为目标来鞭策自己。具体有以下三点：

一，首先自己为人正直、善良，要有道德修养，要做到言行一致，如此才能育人言传身教。

二，要善于运用先进的知识武装自己，以此才能培养出德才兼备的学生来。

三，要用爱心对待学生，搞好师生关系，互教互学，共同进步。

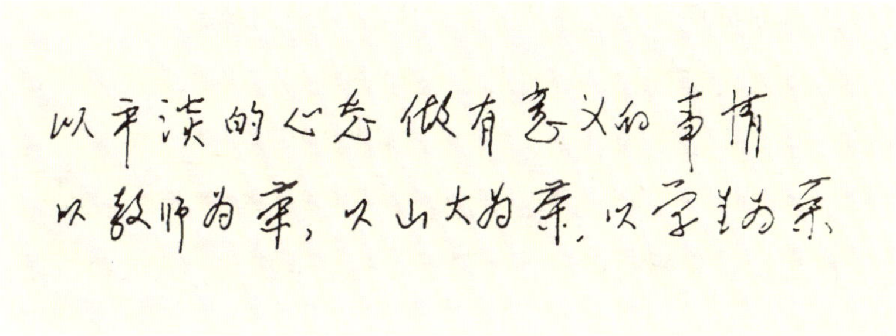
以平淡的心态做有意义的事情
以教师为荣，以山大为荣，以学生为荣

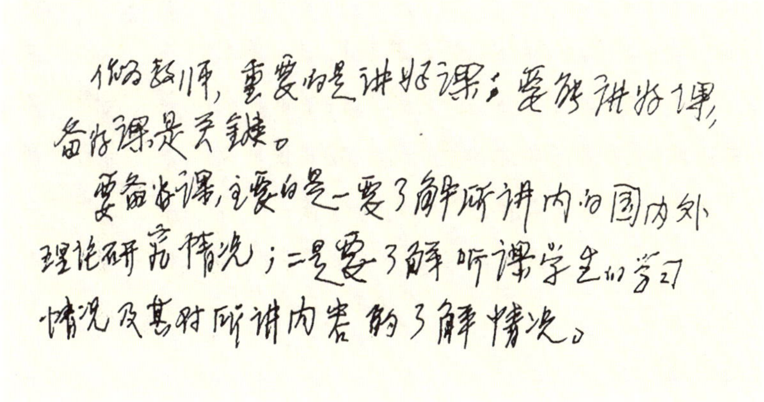
做好教师，重要的是讲好课；要能讲好课，备好课是关键。
要备好课，主要的是一要了解所讲内容国内外理论研究情况；二是要了解听课学生的学习情况及其对所讲内容的了解情况。

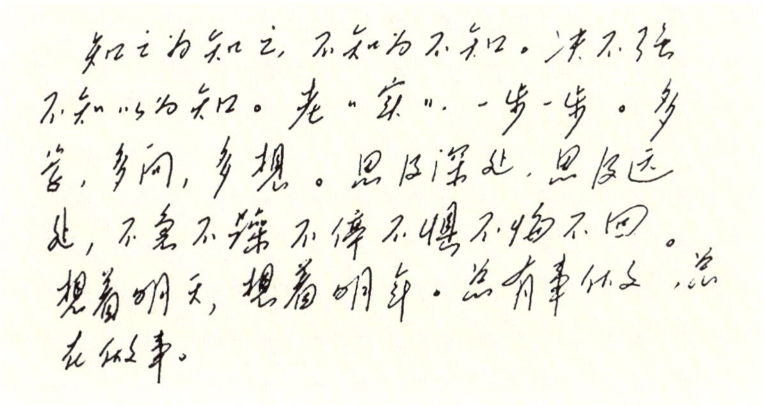
知之为知之，不知为不知。决不强不知以为知。老“实”，一步一步。多学，多问，多想。思及深处，思及远处，不急不躁不停不懈不怕不回。想着明天，想着明年。总有事做，总在做事。

老师们亲笔书写的工作心得（组图）

师们的辛勤付出，饱含着大家对文学院共同的热爱。

拍摄时间零散，过程漫长，整理资料细节多，需反复沟通核对，经常为请老师补充、审核资料“绞尽脑汁”。幸好有得力的小伙伴彦力及时处理照片，晓硕、祝贺先后接力整理文字，她们都是特别靠谱的姑娘，她们耐心细致的工作，大大推进了执行进度。

文学院的老师无论年岁大小、职务高低，都对我这个普普通通的学生充满谅解与关怀，拍摄时耐心配合，还关心工作进度，热心为我支招，不遗余力地提供帮助。拍完照片发信息对我表达感谢，带我拜访其他老师，替我说明来意，把自己的著作或者喜欢的书送给我，到门前为我摘一袋无花果，随手抓一把开心果巧克力塞进我的书包……如亲人一般。日积月累，我的书架里多了一大排书，零食盒里塞满了各种糕点糖果，心里充满了温暖和爱。

翻阅此书的你，若脑海中浮现出他们在讲台上和工作中的一言一行，忆起他们的言传身教，定会产生和我一样的感受。这是一本书，更是一门课，从中可以学到课堂上从不涉及，课本上从未写过，却使人足以受益一生的东西。

刘梦冬

2020年6月16日

“山东大学中文专刊”目录

《杨振声文集》

《黄孝纾文集》

《萧涤非文集》

《殷孟伦文集》

《高兰文集》

《殷焕先文集》

《刘泮溪文集》

《孙昌熙文集》

《关德栋文集》

《牟世金文集》

《袁世硕文集》

《刘乃昌文集》

《钱曾怡文集》

《葛本仪文集》

《董治安文集》

《张可礼文集》

《郭延礼文集》

《曾繁仁学术文集》

《中国诗史》（陆侃如、冯沅君）

《诗经考索》（王洲明）

《出土文献与先秦著述史研究》（高新华）

《战国至汉初的黄老思想研究》（高新华）

《蔡伦造纸与纸的早期应用》（刘光裕）

《刘光裕编辑学论集》

《挚虞及其 < 文章流别集 > 研究》（徐昌盛）

《王小舒文集》

《苏轼诗文评点研究》（樊庆彦）

《中国小说互文与通变研究》（李桂奎）

《中国当代戏曲论争史述》（刘方政）

《中国电影新生代的轨迹探寻》（丁晋）

《莫言小说叙事学》（张学军）

《景石斋训诂存稿》（路广正）

《古汉字通解 500 例》（徐超）

《战国至汉初简帛人物名号整理研究》（王辉）

《瑶语方言历史比较研究》（刘文）

《石学蠡探》（叶国良）

《因明通识》（姜宝昌）

《2019 年山东大学文学院同人录》